# 中外歷史上
## 朝代更替的㊙辛

汪青 ◎ 著

### 那些沈沒於歷史中的奇譚真相

晚清最後一次文字獄
丁戊奇荒：民族主義消解了農民起義
「公車上書」真相
復仇、幫會與中國近代社會
大汗喪命：釣魚城改變歷史
保衛襄陽：南宋的悲壯輓歌
十八路反王：造反派的隱祕圈子與往事
清朝的奴隸制度與八旗
滿族姓名趣談
羅馬與迦太基：雙雄沉浮記

崧燁文化

# 中外歷史上朝代更替的秘辛

## 目錄

# 目錄

前言 .................................................................................................... 7

## 晚清最後一次文字獄 ........................................................................ 9

### 《蘇報》是一份怎樣的報紙 ............................................................ 9
陳范接辦《蘇報》，欲以文字開啟民智 ............................................ 9
開闢「學界風潮」專欄，言論轉趨激進 .......................................... 10
革命黨希望尋得一個「形勢已成之言論機關」，供其「恣意揮發」 11

### 《蘇報》發表了怎樣的言論 .......................................................... 14
捏造《嚴拿留學生密諭》，挑動滿、漢關係 .................................... 14
譏諷當局乃真「革命之黨魁」，以暗殺恐嚇當局 ............................ 15
宣揚「殺人主義」，呼籲對滿人「斬草除根」 ................................ 16
虛構學生祕密結社搞革命的情節，以造就革命氣氛 ........................ 17
唯一的理智之音：蔡元培呼籲不要從種族層面「仇滿」 ................ 18

### 結語 .............................................................................................. 18

### 相關言論 ...................................................................................... 19
《蘇報》：報館的天職是監督政府 .................................................. 19
章士釗：《蘇報》「以放言革命自甘滅亡」 .................................... 20

## 丁戊奇荒：民族主義消解了農民起義 .............................................. 21

### 洋人：山西饑荒如地獄，為何無人搶富戶？ ................................ 21
山東饑民請求李提摩太帶領他們暴動 .............................................. 21
李提摩太困惑山西民眾身處人間地獄，何以卻沒有人搶劫富戶 ...... 22
天災背後有人禍：遍地鴉片導致山西無儲糧富戶可搶 .................... 24

### 士紳：拯救淪陷於洋教的兒童遠重於賑濟災民 ............................ 25
擔心洋人借賑災收買人心 ................................................................ 25
小孩餓死尚是小事，為天主教誘去，則大不可 .............................. 26
鄉紳們的成功：許多災民情願餓死，不受洋人之賑 ........................ 27

## 中外歷史上朝代更替的秘辛
目錄

  結語：古怪的「民族主義」掩蓋了大饑荒的死氣 ............ 28
  相關言論 ............ 29
    曾國荃：山西父子相食，簡直是人間地獄 ............ 29
    李提摩太：清廷禁止災民遷往滿洲 ............ 29
    李鴻章：我輩同歸於盡，亦命也夫 ............ 30

### 「公車上書」真相 ............ 31
  偽上書 ............ 31
  偽反對派 ............ 32
  偽領袖 ............ 33
  結語 ............ 35
  相關言論 ............ 35
    梁啟超：都察院收了康有為的萬言書 ............ 35
    張之洞：與日議和後患無窮 ............ 35
    榮祿：翁同龢是個偽君子 ............ 36
    康有為：《公車上書記》刻遍天下 ............ 36
    古香閣：《公車上書記》不能銷 ............ 36
    李提摩太：康有為獲得萬人簽名 ............ 36

### 復仇、幫會與中國近代社會 ............ 37
  一副對聯裡的風向 ............ 37
  洪門那些事 ............ 40
  太平天國與世界 ............ 46
  同盟會有自己的套路 ............ 48
  幫會曾為革命出力 ............ 51
  籌餉那些事 ............ 53
  辛亥革命是「種族革命」，更是會黨革命 ............ 55
  黨國VS會黨之國 ............ 60

### 大汗喪命：釣魚城改變歷史 ............ 63

| 斡腹之計 | 63 |
| 孤城血戰 | 65 |
| 死因謎案 | 67 |

## 保衛襄陽：南宋的悲壯輓歌 — 69
| 兵發襄陽 | 69 |
| 守城六載 | 71 |
| 戰爭復盤 | 73 |

## 十八路反王：造反派的隱祕圈子與往事 — 75
| 草寇們的造反根據地：瓦崗 | 75 |
| 　越獄、潛逃、造反三部曲 | 75 |
| 　既生密，何生讓？ | 82 |
| 那個「王」興「王」滅的亂世 | 86 |
| 　善待文人也是罪 | 86 |
| 　一對敗給利益的結義兄弟 | 91 |
| 笑到最後的貴族圈子 | 96 |
| 　門閥水深 | 96 |
| 　學習姨丈好榜樣 | 98 |
| 　圈裡圈外，鬥爭永不停息 | 100 |

## 清朝的奴隸制度與八旗 — 103
| 清朝的奴隸制度 | 103 |
| 文字獄的恐怖 | 106 |
| 八旗駐防與滿城 | 113 |
| 「民族」矛盾在民間貫穿始終 | 115 |

## 滿族姓名趣談 — 123
| 清末諜報裡的化名 | 128 |

## 羅馬與迦太基：雙雄沉浮記 — 135

# 中外歷史上朝代更替的秘辛

## 目錄

**撰稿人簡介** ……………………………………………… 167

# 前言

　　你一定很少看書了,因為累;雜誌也懶得看了,因為忙。

　　但你依然在看和讀:早起的枕畔,浴室裡面,午飯後的瞌睡間歇,臨睡前的掙扎,你不時點開的手機螢幕上……

　　我們不能給你閱讀的理由,但我們知道,有些內容可以讓你的朋友圈更優雅。

　　我們不能拼接你碎片化的時間,但我們相信,有些閱讀可以讓你放慢腳步,哪怕只是假裝。

# 中外歷史上朝代更替的秘辛

## 晚清最後一次文字獄

# 晚清最後一次文字獄

文／諶旭彬

1903 年，一份中國報紙的命運吸引了全世界的目光。一份身處上海租界的報紙，因為種種「太過激烈的言論」而惹怒了朝廷；朝廷本擬如踩死一隻螞蟻般嚴懲報館諸人，孰料卻為租界所阻，最終不得不以原告的身分，「降尊」與作為被告的報館諸人打了一場詭異的官司。這場官司，日後被視作「晚清最後的文字獄」。

## ▌《蘇報》是一份怎樣的報紙

自民國以來，隨著辛亥革命的成功，「《蘇報》案」頭上的光環越來越多。與其不斷被神化同步的，是諸多歷史細節的湮沒——時代不知不覺已經忘了，因高呼革命而陣亡的《蘇報》，其主觀本意，並不想做一份「革命報紙」⋯⋯

### 陳范接辦《蘇報》，欲以文字開啟民智

《蘇報》早期的歷史，因其「本一營業性質之小報」，在上海新聞界中沒有什麼地位，記載甚少，已無從詳查。其創刊日期也已不可考，唯一能夠確認的，是至遲不會晚於 1896 年。其初始創辦人名叫「胡璋」，但報紙是在駐滬日本總領事館註冊的，註冊人則是胡璋的妻子、日本女子「生駒悅」。

雖有「日本背景」，但早期的《蘇報》在內容品質上的口碑並不好，所刊消息議論，頗為無聊，1897 年還曾因刊登黃色新聞而與租界當局發生糾葛。加之經營不善，虧損頗重，大約在戊戌政變前後，胡璋將報紙全盤出讓，由一個叫做陳范的舉人買下，繼續經營。這是《蘇報》至關重要的轉折點。

陳范是湖南衡山人，本為江西鉛山知縣，因當地發生教案而被罷職。其兄陳鼎則因戊戌變法受牽連，被朝廷判處永久監禁。陳氏由此「憤官場之腐敗，思以清議救天下」，遂接辦《蘇報》。陳范的妹婿汪文溥也一同參與《蘇報》經營，據汪氏回憶，陳范接辦《蘇報》的初衷是：「丁戊（1897 年、1898 年）之際，康有為始以維新號召徒黨，君（陳范）私謂余曰：『中國在

勢當改革，而康君所持非也，君盍偕我以文字饗國人，俾無再入迷途。』於是相與在滬組織一日報，此即壬寅（按：應為癸卯）以言革命被禍之《蘇報》也。」

如陳範這般，既呼籲改革，又不認可「改革領袖」康有為的種種主張，其實是戊戌年大多數開明知識分子的共識。此後，《蘇報》內容品質有了明顯改觀，關注維新改革、批評政府昏庸腐朽的文字很受讀者歡迎。譬如，1900年1月24日，慈禧下詔立儲，擬廢黜光緒，上海紳商學界一千二百餘人聯名發電諫阻；《蘇報》公然發表反對言論：「今皇上臨御已二十有六年，天下臣民無不向慕，無不愛戴，自戊戌八月政變，無日不翹首北望，期皇上之復權……天下方日以我皇上為念，而驟有往歲十二月二十四日建儲諭旨……嗚呼！是可忍也，孰不可忍！」

再如，1901年4月，清廷成立「督辦政務處」。所謂「督辦政務處」，簡稱「改務處」，乃清廷為施行「新政」而設置的中央辦事機構。然清廷此舉，並非真心想要改革，其目的不過是示外人以開明形象而已。《蘇報》對此亦有嚴厲批評（按：編者對原文作了通俗化處理）：「袞袞諸公，每日裡忙於引用腹心，排斥異己，聯絡外人，彌縫前隙，此外什麼改革措施都沒有……好民之所惡，惡民之所好，僅偶爾搞出一兩條對其私利毫無妨礙的『新政』，用來敷衍、欺騙天下……國家屢弱破敗，而猶為人所撕裂；民眾死亡流離，而猶為人所踐踏；這些『督辦政務處』的大臣們，對此雖然耳聞目見，卻無動於心……」

## 開闢「學界風潮」專欄，言論轉趨激進

大體而言，《蘇報》早期，對於政府和時局，總體表現出一種溫和的批評態度。這是否緣自陳範的個人政見，已不可考，但據汪文溥回憶，刊物也曾一度主張「斥君扶民」，與康有為「保君扶民」的政見有衝突；後者在讀者當中頗有影響力，前者則很難被讀者所認同，以至於「讀《蘇報》者，輒詫為怪誕，經濟乃大困」，對報紙的銷量產生了嚴重的負面影響。

銷量的上升和政見的激進，始於1902年報紙新開闢了「學界風潮」專欄。1902年11月，上海南洋公學發生了學生退學事件。退學的緣起，是學堂內的新、舊之爭，一些舊派教師禁止學生閱讀西學書籍及《新民叢刊》等刊物，招致學生不滿，結果釀成二百餘人同時離校，轟動一時。此後，南方尤其是江浙一帶罷學事件不斷。

《蘇報》的意見明顯是支持學生的。譬如，1903年1月8日刊發的一篇評論文章如此說道：學生透過各種途徑接觸西學，已然接受了民權自由的理念，舊黨仍滿口忠孝聖賢，這恰如「某報所謂開一窗隙，使窺見外界之森羅萬象，且導之出遊，使之領略良辰美景、大塊文章滋味，又復從而鑰之，不毀瓦破壁以思突出者，未之有也」。——學生們已經看到了窗外的旖旎風光，當局再想將窗子關起來，回到舊時代，恐怕是做不到的。

開闢「學界風潮」專欄，專門登載學界消息、刊發學界議論，以學界動態為報紙內容的重要組成部分，在當時僅此一家。《蘇報》由此漸漸受到社會的廣泛關注，漸漸擺脫邊緣小報的境況，開始擁有一定的社會輿論影響力。同時，其言論也漸漸趨向激烈。譬如1903年6月刊登的一篇評論文章，即將官辦學堂的總辦、教習們一概抨擊為「獺淫狗賤之徒」——「此等獺淫狗賤之徒，指不勝屈，而居然握全國教育最高之權，而欲教育之不墜地，學生之養成有完全人格，其可得哉！」同月的另一篇評論文章則說：「學堂一日不破壞，學科一日不改良，則學生永無見天之日，教育永無發達之期。」

## 革命黨希望尋得一個「形勢已成之言論機關」，供其「恣意揮發」

開闢「學界風潮」專欄，與《蘇報》想改變自身的艱難境況有關。陳范本非報界中人，辦報經驗有限；又非名流賢達，社會交際也很有限。這兩個因素，直接導致報紙經營很慘淡。一是長期虧損，即便是在「《蘇報》案」發生之後報紙銷量的巔峰時期，每天也僅能銷售一千份左右，而當時的報紙發行量至少要達到三千份才能保本；二是稿源奇缺，以至於陳范不得不親自出來拉稿，弄得焦頭爛額。

## 中外歷史上朝代更替的秘辛
### 晚清最後一次文字獄

「學界風潮」專欄的開闢，似乎恰能同時解決這兩個問題。南洋公學罷學風潮發生之前，1902年4月，蔡元培、黃宗仰、葉瀚等已在上海發起成立了中國教育會，「以教育中國男女青年，開發其智識，而推進其國家觀念，以為他日恢復國權之基礎為目的」。為幫助這些罷學的青年繼續求學，1903年11月，中國教育會又成立了愛國學社。隨著江浙一帶學潮的日增，中國教育會和愛國學社所集中的社會名流也越來越多，除蔡元培、章太炎、黃宗仰之外，章士釗、吳稚暉、鄒容、張繼等激進知識分子相繼加入。這些人定期在張園集會演說，討論教育問題，發表革命言論。但對這些革命黨而言，私下聚會顯然是不夠的——鄒容此時已撰有《革命軍》一書，主張驅逐滿人、推翻清廷，但苦於沒有宣傳平台，曾與章士釗商議：「此祕密小冊子（即《革命軍》）也，力終扞格難達，革命非公開昌言不為功，將何處得有形勢已成之言論機關，供吾徒恣意揮發為哉？」——鄒容希望尋得一個現成的輿論平台，以供革命黨宣傳革命。

章士釗等人最終選擇了《蘇報》作為宣傳革命的「形勢已成之言論機關」，其緣由有二：一是上海銷量較大的報紙如《申報》《新聞報》等，均為成熟的商業報紙，政治上比較溫和，不願報導學潮、鼓吹革命；二是陳范也是中國教育會成員，《蘇報》又苦於稿源匱乏，銷路不暢，遂極願意與愛國學社定約，每日由學社教員蔡元培、吳稚暉、章太炎等輪流為《蘇報》撰寫評論文章，報館每月資助學社一百元作為報酬，如此既可緩解稿源緊張，又可擴大報紙的社會影響力。

稍後，陳范進一步聘請章士釗為報紙的主筆。這是《蘇報》成為革命黨「機關報」最關鍵的轉折點——此前，「學界風潮」欄目雖然對政府有激烈的批判言辭，但絕無明確的反清、排滿言論；自章士釗主筆之後，報紙煥然一新。1903年6月1日，版面大改良，不斷發表激烈反清的革命文章。

陳范的初衷，本無意於宣傳革命，也並不知曉鄒容、章士釗們擬將《蘇報》變成革命黨機關報的打算。章士釗日後回憶，也承認陳范當日不過是「思更以適時言論張之，擴其銷路」，「而未必有醉心革命」的堅決意志；又說：「余

之隱志,向與(章)炳麟、(鄒)容私相計劃,⋯⋯全為夢坡(陳范字夢坡)所不及知。」

故而,報紙言論的突然變向讓陳范始料未及。6月7日和8日,《蘇報》連載了章士釗所撰寫的《論中國當道者皆革命黨》。9日一早,陳范就來見章士釗,滿面愁容,表示《蘇報》言論不能如此肆無忌憚,否則是自取滅亡。章士釗內心有愧,無言以對,本擬辭職。孰料當晚,陳范的態度竟然巨變。據章士釗回憶,陳范再次來到報館,「出語壯烈,較前頓若兩人。並毅然執余手曰:本報恣君為之,無所顧藉」。

一天之內,如此這般判若兩人的態度轉折,究竟是何緣故?據說是因為陳范當日碰到了「假孫中山」。這個「假孫中山」真名叫做錢寶仁,本是個流氓。章太炎對此人底細最為瞭解。據其描述:「錢寶仁本鎮江流氓,積之(龍積之,康有為弟子)在鎮江時,曾雇為傭役,後以誆騙銀錢一案,投入教會,今又在籍犯法,逃至上海,當張園演說時,滿口胡言,自命為三點頭目,且與積之書云:『爾勿敗吾事,否則爾首領不保矣。』以是積之不敢明言。夢坡本有痰病,遂受其詐。常言某處有一金佛,可往取歸,一生吃著不盡,而夢坡竟信之,欲以《蘇報》交彼辦理。幸仲岐窺破其詐,得以保守,然已騙去墨銀三四百元矣。」

錢寶仁具體如何自稱孫中山詐騙陳范,已不可考。但自此之後,陳范不再過問報紙的內容,則屬事實。章士釗也因此得以「恣意揮發」。多年之後回憶這段往事,章士釗如此感慨:「夢坡之愚陋如此,馴至促成革命史中一**轟轟**烈烈之事蹟,恍若神差鬼使而為之。又若錢寶仁不騙人,《蘇報》未必有案者然。」

近代以來,我們的著史傳統,向來不甚重視陳范這種「小人物」,即便偶有談及,也總喜歡想當然地為之貼上「革命者」的標籤。反倒是章士釗對陳范的評價最為中肯:「陳夢坡者,乃潮流中之長厚君子也。彼以對待朋友之溫情,偶掌革命之旗鼓,准情酌勢,於職實不相稱。」辛亥年後,眾人皆爭相以革命功臣自居,陳范雖因《蘇報》案落得個傾家蕩產、愛子失蹤、潦

倒顛沛的結局，卻極平和地宣稱自己素來主張和平維新，並非革命黨——「和平改革之持義，未以顛沛而忘」，其「長厚君子」之風，於此可見一斑。

## 《蘇報》發表了怎樣的言論

與「《蘇報》案」的被神化同步湮沒掉的歷史細節，還有《蘇報》究竟刊發了些什麼樣的言論。誠然，曾幾何時，「革命」已經取得了天然的「合法性」，一度成為至高無上的「政治正確」；但在肯定「革命」的同時，籠罩在「革命」光環下的那些刊發在《蘇報》上的「革命言論」，在借鑑之外，真的就沒有任何值得後世反思之處嗎？

### 捏造《嚴拿留學生密諭》，挑動滿、漢關係

1900年八國聯軍進攻北京之際，俄國曾趁機出兵侵占了中國東三省。其後，中、俄立約規定，俄國軍隊須分三期從東北撤退。但到了1903年4月，俄國拒絕履行第二期撤兵協議，反提出獨占東三省特權的要求。消息傳出，引起國民的極大憤慨。4月，汪康年等上海知識界名流在張園召開拒俄大會；稍後，北京學生亦發起集會請願……而表現最激烈者，則莫過於赴日留學生。

4月29日，留日學生五百餘人召開大會，決議組織「拒俄義勇隊」，奔赴戰場，與俄人決戰；並致電袁世凱，請求將義勇隊暫時隸屬於其麾下；同時致電上海的愛國學社和中國教育會，請求幫助。愛國學社接電之後，亦籌劃組織義勇隊，以期響應。一時間，中國國內學生自發成立「義勇隊」蔚然成風。

學生中的這種「異動」第一時間引起了清廷的注意。據《蘇報》6月5日報導，駐日公使蔡鈞曾致電鄂督端方：「東京留學生結義勇隊，計有二百餘人，名為拒俄，實則革命，現將奔赴內地，務飭各州縣嚴密查拿。」

與上述電報同時在《蘇報》刊出的，還有一份《嚴拿留學生密諭》。《密諭》聲稱：在日留學生致電袁世凱，以拒俄為名，要求發給槍械，實屬居心叵測，「其電該督臣之意，又有詭言俄患日深，求該督助其軍火，在日本東京各學生，便可至東三省與俄人決戰。情形叵測。」故而要求「地方督撫於

各學生回國者,遇有行蹤詭祕,訪聞有革命本心者,即可隨時拿到,就地正法」。

《密諭》之外,《蘇報》還刊登了張繼所寫的《讀「嚴拿留學生密諭」有憤》一文,以為烘托。文章極力闡述「漢滿不能兩立」之義,說道:「東三省者,賊滿人之故宅,滿人不自惜,而漢人為之惜;東三省為俄人占據,滿人不自恢復,而漢人為之恢復,無乃太背人情。」文章憶及揚州十日、嘉定三屠,激烈地倡議道:自此以後,「不顧事之成敗,當以復仇為心;不顧外患之如何,當以排滿為業」。

「《蘇報》案」發生之後,清廷並不承認自己發布過這樣一道《密諭》,譴責《蘇報》肆意捏造。此段公案,真相如何,應以當事人章士釗多年之後回憶的說法為準:「《蘇報》登載清廷嚴拿留學生密諭,清廷知之,曾譴責《蘇報》捏造上諭,《蘇報》卻堅稱密諭是真,從江督署借抄得來。要之,當日凡可以挑撥滿漢感情,不擇手段,無所不用其極。此一跡象,可從《蘇報案紀事》字裡行間看出。」(《疏〈黃帝魂〉》)

誠然,清廷對學生的拒俄愛國運動確實採取了壓制政策;誠然,清廷確實擔憂「拒俄義勇隊」變成革命軍;誠然,清廷更擔憂「義勇隊」的稱呼讓列強想起剛剛過去的「義和團」……但《蘇報》捏造上諭的做法,是否就完全沒有可議之處呢?

## 譏諷當局乃真「革命之黨魁」,以暗殺恐嚇當局

6月7日及8日,《蘇報》連載了章士釗所寫的《論中國當道者皆革命黨》一文。文章激烈地指責,「革命黨」是清廷所製造的,所以,清廷那些身居高位的大員如榮祿、德壽之流,才是真正的「革命之黨魁」。文章並以釀酒為比喻,將民眾比喻成「米」,將革命黨比喻成「酒」,而將清廷比喻成「釀酒之藥料」,稱釀出「酒」來反歸咎於「米」,乃是無稽之談:「吾今一言以蔽之,革命者非他人之所能為也,其操縱純在公等。公等今日欲革命則革命,明日欲革命則革命。不觀之釀酒乎?酒為米所釀成也,果米自釀成乎?抑有所以釀成之藥料乎?試問今日公等之所為,貪戾狠毒,橫斂暴征,何在

非釀成革命之藥料。公等自備此藥料，日施此藥料，而乃歸咎於此米之不應化為酒也，是何說也？」

文章以革命黨的口吻直接與清廷對話，其措辭之激烈在當時前所未見。尤其是文章甚至以俄國「虛無黨」之刺殺為例，恐嚇清廷：「公等亦知俄國有所謂虛無黨者乎？公等不讀世界史，固無從而知之，吾今言之，公等諒未有不心懸而膽吊者。蓋虛無黨之性質，專以暗殺為事，一殺不得而再殺，再殺不得而三殺，以第一專制之俄國，第一專制皇帝之亞歷山大第二，卒以八次而刺死於車中，其他俄國政府以及外任大小之貪官婪吏，幾於無日不摘其頭數顆，而虛無黨之勢力亦浸盛。虛無黨之所以盛者，非虛無黨之自能盛也，有所以盛之者也。所以盛之者，即在俄國專制政府日捕虛無黨而殺之之故。」

## 宣揚「殺人主義」，呼籲對滿人「斬草除根」

6月22日，《蘇報》刊出一篇題為《殺人主義》的文章，其強烈的種族情緒、反滿態度以及嗜血熱忱，令人不寒而慄。文章開篇即說：「吾聞一世紀必有一新主義出現於世，今吾曉曉號於眾曰殺人主義，得非二十世紀之新主義乎！」

文章尤其強調滿、漢之間的血海深仇，質問讀者：「今有二百六十年四萬萬同胞不共戴天之大仇敵，公等皆熟視而無睹乎？」並號召民眾以「殺人主義」為漢人「復仇」「斬草除根」：「此仇敵也，以五百萬之妖魔小丑，盤踞我土地，衣食我租稅，殺戮我祖宗，殄滅我同胞，蹂躪我文化，束縛我自由。既丁末運，沐猴而冠，已不能守，又復將我兄弟親戚之身家性命財產，雙手奉獻於碧眼紫髯之膝下，奴顏向外，鬼臉向內。嗚呼！借花獻佛，一身媚骨是天成；斬草除根，四海人心應不死！今日殺人主義，復仇主義也，公等其念之。」

作者之嗜血，今日讀來，仍然使人不免心驚肉跳：「物各有主，冤各有頭，百嚎同聲，群欲衝仇人之胸而甘心焉。數世沉冤，一旦昭雪，將來幸福，試問刀環，殺盡胡兒方罷手，快哉殺人！」尤其值得注意的是，作者通曉中西，對法國大革命的歷史知之甚詳，這種視野，在當時的讀書人中間並不多見，

如此,其嗜血情狀則更顯出一種巨大的時代遺憾來。作者如此歡呼「殺人」:「讀法蘭西革命史,見夫殺氣騰天,悲聲匝地,霜寒月白,雞犬夜驚。懸想當日獨夫民賊之末路,英雄志士之手段,未嘗不豪興勃發,不可復遏。今者斷頭台上,黃旗已招貼矣。借君頸血,購我文明,不斬樓蘭死不休。壯哉殺人!」

## 虛構學生祕密結社搞革命的情節,以造就革命氣氛

正如章士釗所言,在其主持下,《蘇報》不放過任何宣傳革命的機會,許多時候更是不擇手段。1903年5～6月間,關於「拒俄義勇隊」的流言很多。其中一例,乃是訛傳北京大學堂有兩名學生因接應東京義勇隊被拘,且遭殺害。事實不過是大學堂學生上書管學,請力阻俄約而已。

但《蘇報》對澄清事實毫無興趣。其興趣在於此一謠言正適合用來宣傳革命。6月6日,報紙刊登了張繼撰寫的《祝北京大學堂學生》一文。文章竭力讚揚北京學生的革命覺悟,希望北京學生成為「中央革命」(相對於孫中山在南方發動的「地方革命」而言)的主力——「吾望中央革命軍之起久矣……學生為革命之原動力,而京都之學生尤為中央革命之原動力。」

尤其偏離新聞宗旨之處在於,文章虛構了北京學生「結祕密社,與海內外志士聯絡,希圖革命」的情節。並以此為契機,號召北京的學生們起來暴力革命,推翻清廷:「那拉氏(慈禧太后)不足畏,滿洲人不足畏,政府不足畏,莫被政府威嚇而斂其動,莫惜諸君之自由血而失全國人之希望。」

據1903年在上海出版的《蘇報案紀事》一書記載,時人已對《蘇報》此種無中生有、「誣陷」學生的做法很不認同。書中說:「外間遂責《蘇報》不應為過激之論以傾陷學生,無論其無之也,即有之,尤不可發覺以敗人之事。吾揣《蘇報》意,則明知其無而鼓吹之也,若知其有而發覺之,《蘇報》亦不欲為耳。」——按這位作者的理解,《蘇報》如此做法,等於變相將學生推入險境。

## 唯一的理智之音：蔡元培呼籲不要從種族層面「仇滿」

作為一份「革命報紙」，鼓吹推翻現政權自然是其題中應有之義，不必多談。最值得一提的，倒是在「排滿」「殺人」論調占據報紙全版面之前的4月份，《蘇報》極為難得地刊載了蔡元培的一篇文章《釋仇滿》。據筆者所見，這是《蘇報》在「排滿與革命」這個問題上唯一的理智之音。

在蔡元培看來，「仇滿」應當是政治上的「仇滿」，而決不應該是種族上的「仇滿」。一者，所謂種族之別，一是指血統，二是指風習；滿人血統，久已與漢族混雜，其語言、文字、風習也已為漢族所同化，所以，「吾國人皆一漢族而已，烏有所謂滿洲人者哉」。

再者，現實之中仍存在「滿人」一詞，這個詞如今早已非種族意義，而是當下中國「政略上占有特權之一記號焉耳。其特權有三：世襲君主，而又以產少數人專行政官之半額，一也；駐防各省，二也；不治實業，而坐食多數人之所生，三也」。

其三，近日以來甚囂塵上的「仇滿」論，都是政略之爭，而不是種族之爭。之所以此前二百餘年種族之見已經消弭，如今再度泛起，而且比之前更激烈，緣由是「近日政治思想之發達」，世界近代文明衝擊了中國，「風潮所趨，決不使少數特權獨留於亞東之社會」，所以，這種政治上的「仇滿」論才再次出現。

但是，蔡元培的這篇文章沒有得到知識界的回應。很快，它就被鋪天蓋地的「殺人主義」給淹沒掉了。

## 結語

「《蘇報》案」最後的處理方式極為「特別」：以一國政府為原告，以本國國民為被告，由設在租界的中外聯合審判機構「會審公廨」共同審理。之所以會打這樣一場特殊官司，緣自租界當局得到本國指示，以「自由」「人權」為由，拒絕引渡報館諸人。在這種拒絕背後，有著西方世界對中國仍屬「野蠻世界」這樣一個基本判斷。

「《蘇報》案」交涉期間，7月31日，記者沈藎在北京被清廷殘酷處死；稍後，上海的英文報紙《字林西報》發表《北京的野蠻官方謀殺》和《真實的慈禧太后》兩篇文章，詳細描述了沈藎被杖斃的細節，讀之令人毛骨悚然：「聖旨最終下發，不是將沈藎處決，甚至也不是凌遲處死，而是在獄中杖斃。沒有哪種生靈會被如此嚴懲，但在刑部卻並不缺少這樣的懲罰。可怕的刑罰在四點鐘開始執行，在此後的兩個小時裡，鈍竹條像雨點一樣落在可憐的犯人的四肢和背上，直至鮮血淋漓，但是犯人還沒有死。他痛苦萬分，請求行刑者速將其勒死，最終採取了類似的辦法。直到夜幕降臨，血肉模糊的身體才停止了顫動。」

沈藎的死，成了西方國家拒絕將在押的《蘇報》館諸人引渡給清廷最有力的理由。作者得出一個結論：中國的最高統治者慈禧是一個暴君，她是野蠻文明的化身。作者尖銳地說道：「這沒有什麼不正常的——在中國，什麼樣的事情都會發生。」

至於革命黨，猶記民國學人張君勱有言：「天下往往有主義甚正當，徒以手段之誤而流毒無窮……」

## ▌相關言論

### 《蘇報》：報館的天職是監督政府

章士釗擔任主筆之前，報館持溫和改良態度，曾刊登不少文章，談及報紙作為輿論公器的價值之所在：「報館者，發表輿論者也……輿論者，與官場萬不兼容者也。既不兼容，必生衝突，於是業報館者，以為之監督……然後官場有所忌憚，或能逐漸改良以成就多數人之幸福，此報館之天職也。此天職者，即國民隱托之於報館者也，苟放棄此天職，即不得謂之良報館。」又說：「報館之性質，乃監督人而非監督於人者也……對於政府為唯一之政監，對於國民為唯一之嚮導，然後可以少博其價值，而有國會議院之傾向。」可惜的是，自「《蘇報》案」後，近代大多數報紙都喪失了上述立場，而淪為純粹的政治工具。

### 章士釗：《蘇報》「以放言革命自甘滅亡」

　　章士釗擔任主筆之後，《蘇報》徹底轉型成為一份革命黨的機關報。章氏自謂：「查清末革命史中，內地報紙以放言革命自甘滅亡者，《蘇報》實為孤證。」《蘇報》在 1903 年所做的反滿革命宣傳，其無所顧忌在當時是極度空前的，這種空前引起了清廷的恐慌，但並沒有在民眾當中產生共鳴。時人謂《蘇報》：「人皆以為善造風潮之報也，不過無貨擴充勢力，不能普及全國，且多不合中國人閱報之腦筋耳」。

# 丁戊奇荒：民族主義消解了農民起義

文／諶旭彬

「丁戊奇荒」被清廷官員稱為「此千古奇災，是鐵石心腸亦當淚下」的大饑荒：從1876年到1879年，整整持續四年；囊括山西、河南、陝西、直隸、山東五省，波及蘇北、皖北、隴東、川北；上億人受災，至少一千萬人餓死。其中尤以1877年、1878年為最烈，因這兩年干支紀年分別為丁丑、戊寅，故而史稱「丁戊奇荒」。

這場饑荒，對囊空如也的晚清政權而言是一場巨大的考驗——傳統農業帝國下的「荒政」早已在天國之亂後被肢解得支離破碎，近代社會救濟和保障體系又遠未建立。但弔詭的是，如此慘烈的饑荒，前後四年，雖有不計其數的小規模民眾暴動，但最終竟然沒有一起暴動發展成傳統意義上的「農民起義」。在政府控制力無法深入社會最底層的晚清時代，這簡直是個奇蹟。

為什麼會出現這種奇蹟？

## ▌洋人：山西饑荒如地獄，為何無人搶富戶？

李提摩太（Timothy Richard）是英國浸信會傳教士，於1870年來到中國。1876年，「丁戊奇荒」由山東發端，李提摩太恰在山東傳教，遂由此開始了他與整個丁戊奇荒相始終的漫長而艱辛的救災行動。

### 山東饑民請求李提摩太帶領他們暴動

災荒到來的那個夏天，李提摩太身處山東青州。災情在5月份已相當嚴重，平民已經開始群起「吃大戶」，李提摩太在回憶錄中寫道：「一群婦女蜂擁進一位富人家裡，占領了它，在那兒生火做飯，然後又擁到另一家吃下一頓。男人們看到這種辦法很不錯，便組成五百餘人的群體，一個村子一個村子地劫掠取食。」

### 中外歷史上朝代更替的秘辛
#### 丁戊奇荒：民族主義消解了農民起義

李提摩太在日記裡留下這些搶大戶及賣兒鬻女的記載的同時，自身也未能置身饑荒之外，其洋人身分成了饑民們努力爭取的「寶貴資源」：「6月30日這天，兩位學者來拜訪我，他們都是秀才，年齡在三十到四十歲之間，一個來自壽光，另一個來自益都。我太忙了，沒空接待，他們約定第二天再來。第二天，他們一進門就跪下了，請求做我的弟子。交談後，我弄明白了，他們兩人是一大群人派出的代表，大家希望我能做他們的首領，舉行暴動，因為當局不能提供食物，他們活不下去了。他們已經安排好了房子，並且有數不清的人準備接受我的命令。我告訴那兩位民眾代表說，我從來沒想到要幹這種事情，因為那只會加重民眾所遭受的苦難。暴動一旦開始了，沒有人知道會如何收場，但毫無疑問會造成大規模流血。我建議他們採取建設性的方式，而不是透過破壞來改善人們的處境。」

類似的情況不止一次發生。7月3日晚上，青州東面某個村鎮也派了代表前來邀請李提摩太去做他們的起義軍領袖。出現這種現象是有原因的，但李提摩太自己並沒有意識到——官府正極力鎮壓饑民搶大戶，饑民們則認為官府害怕洋人，在他們看來，由洋人帶領他們去搶大戶，可以抗衡來自官府的鎮壓。

李提摩太沒有答應成為饑民們的領袖，而是在山東做了一年多的賑災工作。直到1877年秋天，更嚴重的山西饑荒的消息傳來。

### 李提摩太困惑山西民眾身處人間地獄，何以卻沒有人搶劫富戶

李提摩太日記所呈現出來的1878年的山西，是一個真正的人間地獄——

1月29日，太原以南四十里：經過了四個躺在路上的死人，還有一個人四肢著地在爬行，已經沒有力氣站起來了；碰上一個葬禮，一位母親肩上扛著已經死去的大約十歲的兒子，她是唯一的「抬棺人」、「神父」和送喪者，把孩子放在了城牆外的雪地裡。

1月30日，距太原二百七十里：路過兩個顯然剛剛斷氣的人，其中一個衣服鮮亮，但卻死於饑餓。往前走沒幾里路，發現一個大約四十歲的男人走在前面，搖搖晃晃像是喝醉了酒，被一陣風吹倒後，再也沒有爬起來。

洋人：山西饑荒如地獄，為何無人搶富戶？

1月30日，距太原二百九十里：看到路邊躺著四具屍體。其中一個只穿著襪子，看來已沒什麼份量，一隻狗正拖著移動。有兩個是女人，人們為她們舉行過葬禮，只是把臉朝地安置而已；路人對其中的一個更仁慈一些，沒有把她的衣服剝去。第四具屍體成了一群烏鴉和喜鵲的盛宴。隨處可見肥胖的野雉、野兔、狐狸和豺狼，但男人和女人卻找不到食物維持生命。當我緩慢地爬上一座山丘時，遇到一位老人，他異常傷心地告訴我說：「我們的騾子和驢都吃光了，壯丁勞力也都餓死了。我們造了什麼孽，招致上天這樣的懲罰？」

2月1日，太原以南四百五十里：半天內就看見了六具屍體，其中四具是女屍。一具躺在一個敞開的棚子裡，赤身裸體，腰上纏著一條帶子；一具躺在小河溝裡；一具浸在水裡，由於野狗的拖曳，半身暴露出冰面上；一具半身穿著破破爛爛的衣裳，躺在路邊的一個洞口旁；還有一具已被食肉的鳥獸撕碎，吃掉了一半……還碰上兩個十七八歲的年輕人，手持拐杖蹣跚而行，看起來就像九十多歲的老翁。另一個年輕人背著他的母親——她已經沒力氣走路了，看見我盯著他們，年輕人便向我求助，這是我離開太原後首次有人向我乞討。

2月2日，太原以南五百三十里：在下一個城市是我所見過的最恐怖的一幕。清早，我到了城門。門的一邊是一堆男裸屍，像屠宰場的豬一樣被疊在一起。門的另一邊同樣是一堆屍體，全是女屍。她們的衣服被扒走換吃的去了。有馬車把屍體運到兩個大坑旁，人們把男屍扔到一個坑裡，把女屍扔到另一個坑裡。

……

長期行走於饑餓和屍體之間的李提摩太，為一個問題所深深地困惑：為何社會仍然「秩序井然」？「我一直納悶為什麼沒有人搶劫富戶。今天這個疑問有了答案——每一個村中都貼了告示，宣布巡撫有令，任何人膽敢行兇搶劫，各村鎮首腦有權對搶劫者就地正法，因而犯罪現象出奇的少。大家都聽天由命，我唯一看到人們流眼淚的場面是在母親們埋葬她們的孩子的時候。」

但是，李提摩太似乎忘了——山東巡撫衙門採取了同樣的鎮壓措施，但仍有民眾不斷地在搶大戶，而且還希望找一個洋人做他們的領袖，充當保護傘。

## 天災背後有人禍：遍地鴉片導致山西無儲糧富戶可搶

李提摩太未能窺見山西民眾不搶大戶的真實原因，是因為他並不瞭解此次災荒真正的起因。持續的大旱固然是饑荒最重要的原因，但人禍的權重同樣不容忽視——

1859年清廷頒布《徵收土藥稅厘條例》，中國國內鴉片種植由此合法化。短短十餘年之後，山西農民「棄田之半以種罌粟」，而且因為種罌粟比種糧食賺錢，「往往以膏腴水田遍種罌粟，而五穀反置諸磽瘠之區」，到光緒初年，山西已成為本土鴉片的重要產區。御史劉恩溥說山西的狀況是「數十萬頃膏腴之田，幾無樹藝五穀之土」；時人估計，「自罌粟盛行，每縣之田種罌粟者不下十之三四，合全省土田計之，應占十五萬頃」。張之洞也說，山西遍地種植鴉片，「幾於無縣無之」。

大量的耕地和勞力轉移到鴉片種植上去的後果，是山西本省糧食產量迅速下降。《申報》當年就曾分析過：「山西自廣種罌粟以來，五穀所產漸少，民間毫無蓋藏，一遇旱荒立見奇拙。此尚謂害而不由於罌粟，其誰信之？」

鴉片種植的泛濫，雖以山西最烈，但並不是山西特有的現象。同屬災區的河南、山東，也是本土鴉片的重要產區。最終，這種畸形的農村「經濟發展模式」，導致災荒時期民間難尋儲糧大戶，自然，李提摩太也就很難在山西看到他所預期會看到的那種搶大戶的景象；更何況，李提摩太抵達山西的時候，饑荒已經發生了很長一段時間，山西境內屈指可數的有糧大戶早已被迅速搶光了。

真正需要後世深刻反思的，是另一個弔詭的問題：這樣一場波及上億人、幾乎涵蓋整個北中國的大饑荒，它引發了無數的暴力事件、群體事件，但最終，竟沒有從這眾多的暴力群體事件中衍生發展出一兩場所謂的「農民起義」（所謂「起義」，區別於一般性的無政治訴求暴動）。

如果我們把「起義」簡化定義為「有政治訴求的暴動」的話，那麼，不妨將這個弔詭的問題換一種思考角度：在這場史無前例的大饑荒裡，中國的鄉紳士大夫們在哪裡？他們和誰站在一起？

作為傳統農業中國底層社會的直接整合者，鄉紳士大夫們的參與，是農民暴動升級為「起義」的最關鍵的因素——他們的學識為政治訴求的提出提供了可能，他們的社會關係則會成為勢力整合的核心紐帶。

## 士紳：拯救淪陷於洋教的兒童遠重於賑濟災民

1877年陰曆二月下旬，蘇州紳士謝家福剛剛完成一項艱巨的任務：押送一批饑民從南方返回他們的原籍。在歸途中，謝家福聽到了以李提摩太為代表的西方傳教士在山東賑災的消息。一種似乎「與生俱來」的敏感立刻讓謝家福緊張了起來。他後來在日記中補記道：「（得知洋人賑災的消息）深懼敵國沽恩，異端借肆，不能無動於衷。顧以才微力薄，莫可挽回，耿耿之懷，言難自已。」

### 擔心洋人借賑災收買人心

在這樣一種「耿耿於懷」的情緒支配下，謝家福當即給自己熟識的一批江南士紳們集體寫信，強調必須對洋人在中國的賑災行為採取措施。謝認為：「西人在山東賑災，打的是救災恤鄰的幌子，暗地裡幹的是收拾人心的陰謀。若不採取措施，恐怕會導致民心流失，異教橫行，終為中國之大患。」

謝氏進而建議，應該在賑災問題上與洋人展開競爭，「跟蹤濟賑」，追蹤洋人救災的路線，以賑災對抗賑災，非如此不足以防止洋人騙走國人的民心。謝認為，這件事情是所有有良知的愛國士大夫義不容辭的責任和義務，並為此慷慨賦詩一首：

大兵之後又凶年，國計民生孰見憐？

安得賑錢三十萬，管教壓倒慕唯連！

詩中所稱「慕唯連」即慕維廉，他和李提摩太一樣，是西方傳教士在山東賑災的代表人物。

## 小孩餓死尚是小事，為天主教誘去，則大不可

在謝家福看來，抵抗洋人借賑災收買人心的首要之務，是與傳教士在收養饑荒受災兒童方面展開競爭。他在 1877 年 5 月 4 日給好友李金鏞的一封信中寫道：「東省災後，子女流離者不可計數，為他族收養者，聞有數百名之多。竊恐人心外屬，異說橫行，為鄒魯之大患……」

在如此「嚴峻」的形勢下，謝氏主張「急則治標」，這個「標」就是兒童，理由是兒童智識未開、情竇未通，更容易被異族蠱惑。謝氏激動地寫道：眼看著這些兒童被洋人驅入「陷阱」之中，再也不能重新做人，但凡有血氣者，「能無錐心肝、豎毛髮，亟圖補救哉！」

倡議在士大夫圈子裡獲得了普遍的認同。譬如蘇州士紳袁遂給謝氏回信，說道：「西人想要領養饑荒孤兒，那是萬萬不可……我們若能多收養一名，則少一人入教，功德尤其大。」

再譬如另一名叫做尤春畦的紳士，在聚會上發言道：「小孩餓死尚是小事，為天主教誘去，則大不可。能否引之出堂，亦宜酌量，事卻甚好。」

有了這些士大夫們的支持，謝家福的賑災行動隨即啟動。但謝家福本人並不認為自己發起的這一活動是賑災活動。在給友人的信中，他鄭重聲明：「弟之此行為敵夷，不為賑濟。賑濟則以仁存心，當念親親仁民之意，敵夷則唯知大義，雖捐糜踵頂，有所不辭」——意思即：我此行的主要目的是抵抗夷人，而不是為了賑災；賑災講究的是仁心；抵抗夷人講究的則是大義，為此我是赴湯蹈火，在所不辭。

這種表態贏得了許多士大夫的高度讚賞。譬如上海的紳士王賡保就來信讚揚謝氏將眾多孤兒從黑暗的「禽獸之域」中拯救出來的行為是一種偉大的壯舉，由此可見世事尚有可為。並表示願意與其並肩戰鬥，繼續推進這一事業。

工作開展每遇到困難，謝氏也往往以此來鼓勵自己：「生平滅夷之志，刻不能忘……（如今得此機會）而交臂失之，則身存實死，天下不必有此人，謝家不必有此子也。」

也正是基於這樣一種「敵夷」而非「賑災」的理念，謝氏在山東地區的活動經費明顯側重於收容饑荒兒童。有人曾建議其將自江南募集到的資金用來開設粥廠，以解青州災民的燃眉之急，結果被其拒絕。謝氏雖然也認為青州原有的粥廠已停，災民情勢甚危，但在他眼裡，兒童與大人不同：兒童無知，不懂得餓死事小、失節事大的春秋夷夏大義，所以無法要求他們像成年人一樣為持節而慷慨赴死，故而，有限的資金應該優先用來救濟兒童。謝在日記中說：因為如此考量，所以對自己的決定「理得心安」，並無愧疚。

## 鄉紳們的成功：許多災民情願餓死，不受洋人之賑

類似的理念，謝氏在許多不同的場合都曾反覆闡釋過。1877年6月22日夜間，謝氏前去訪問幾位上海紳士，力陳教堂收容中國兒童的危害。恰好座中有一位替教堂籌集賑災經費的人士，替教堂說了一句話，認為不該把耶穌教和天主教混為一談，一棍子打死，隨即招來了謝氏激烈的駁斥：「某之所辦者，與教門的良莠無關，所關注的是中外之界限。山東災民受洋人賑恤，三月有餘，幾乎只知有洋人，不知有中國矣。諸君好善樂輸，若能下固百姓已去之人心，上培國家富強之元氣，則是大大的忠臣和義士。若還反過來替教堂籌集經費，豈非漢奸？那些接受了教堂賑濟之人，必然皈依洋教，終不再是中國之民。最可憐的是，那些童子尚未開蒙，如何知道這些，眼看著他們淪陷於教堂之中，於心何忍？朱子說過，雖生而無以自立，不若死之為安。所以我的看法是，拯救淪陷在教堂裡的兒童，遠比賑濟災民更重要。」

謝家福對洋人的賑災活動的抗拒，代表了當日中國士大夫們的主流意見。這一點從謝氏所獲得的廣泛支持中即可窺見。這種抗拒態度，同樣流行於清廷高層。1878年4月間，河南學政瞿鴻機聽到洋人賑災的消息，就立即上奏，指責洋人「其居心則險不可測」，目的是趁我「民多愁困」，藉機「收拾人心」，以實現他們不可告人的陰謀。清廷接到奏摺後，隨即指示山西、河南

### 丁戊奇荒：民族主義消解了農民起義

兩省巡撫（此兩省因在內陸，洋人尚未來得及進入賑災，但災情已很嚴重），要他們但凡碰上外國人進入災區，必須「婉為開導，設法勸阻」。

災民們抗拒洋人賑濟的情緒同樣強烈。史料記載，光緒三年（1877年），山東昌樂縣災民「弗受洋賑」；山東樂安縣災民則「俱情願餓死，不受洋人之賑」。河南的災民態度最為決絕，不但不肯接受賑濟，還極力宣傳傳教士的「心懷叵測」。西方人士曾經在《申報》上刊文如此描述：「河南地方饑民大不解事，於教士所分給之銀，不肯領取，意謂西教士意在買服人心，誘人入教，故特給我等銀錢，慎勿墮其術中。彼此相戒，竟無一人肯領。且仿《鐵淚圖》之式，造作諸般惡狀，謂教士誘人入教，如此虐待。亦分貼多張，以冀煽惑人心，該省官憲無可如何。」

能夠仿照《鐵淚圖》製作宣傳畫，並廣為宣傳，這背後必然有知識分子，也就是河南本地鄉紳士大夫們的參與。

儘管如此，傳教士仍然多次嘗試派人進入河南賑災，但結果是，當地民眾和政府都不允許他們逗留，更不許他們以任何方式涉足當地賑務，並且聲稱如果他們不離開河南就會有生命危險。河南境內的反教情緒之強烈遠勝他省，開封居民聞知傳教士花國香等人到達，遂遍貼告白，有「寧可食夷肉，不可食夷粟」之句，更有某書院罷課宣稱「要與西人打仗」。最終，傳教士們不得不放棄了賑濟河南的打算。整個「丁戊奇荒」期間，河南省居然做到了不讓西方人在其域內發放絲毫賑濟物資的程度，本土鄉紳們的鼎力配合，可謂「居功至偉」。

## ▎結語：古怪的「民族主義」掩蓋了大饑荒的死氣

李提摩太等西方傳教士投入「丁戊奇荒」的賑災行動之中，自然也有其推動教會發展的意圖。尤其是在山東的賑災活動給教會的發展帶來了非常良好的影響的情況下，傳教士們決定將自己的賑災活動擴展到河南、山西時，推動教會發展，已經成為預先期望的目標。

朝野內外對洋教的排斥不算意外，此前已有太多的教案讓清帝國焦頭爛額。但事情的悲劇性也恰恰在此：當一種異域文明希望以一種文明的方式（賑災）被接受的時候，它反而遭到了比野蠻的手段（武力脅迫）下更決絕的抵制。

但最大的悲劇其實還是開篇所提到的那個問題——如此一場慘絕人寰的大饑荒，最後居然沒有發生「農民起義」，傳教士們可謂「功不可沒」。他們和他們的賑濟活動的出現，徹底轉移了災區和非災區鄉紳士大夫們的注意力。而失去鄉紳參與的農民暴動，則始終只能停留在簡單的物質索求層面上，而且彼此孤立，旋起旋滅。

換言之：1878年前後的中國，被一種很古怪的「民族主義」所籠罩，甚至掩蓋住了大饑荒的死氣，最後，竟然造成了為千瘡百孔的清帝國「保駕護航」的作用——而類似的這種政治手段，被後世一再模仿襲用，我們並不陌生。

## ▍相關言論

### 曾國荃：山西父子相食，簡直是人間地獄

1878年，山西巡撫曾國荃在給朝廷的奏議裡說：「今日晉省災荒，或父子而相食，或骨肉以析骸，所在皆有，莫之能禁，豈非人倫之大變哉？」同年他還致書兩廣總督劉坤一，說：「古人形容饑民，輕則曰菜色，重則曰鵠面鳩形，均尚未能逼肖。以今日觀之，直無異地獄之變相。」

這實在是一種諷刺：鄉紳謝家福們為了堅持儒家倫理道統而極力排斥西方傳教士的賑濟；而曾國荃所說的父子相食的「人倫之大變」，豈非正是儒家倫理道統的潰滅？

### 李提摩太：清廷禁止災民遷往滿洲

李提摩太對清廷在賑災中的表現很不滿，指責道：「如果中國政府不那麼自負，聲稱只有自己是文明的，從野蠻的西方人那裡學不到任何東西，數

**中外歷史上朝代更替的秘辛**
丁戊奇荒：民族主義消解了農民起義

以百萬人應當能夠得到拯救。確確實實，一位清政府的高官發布過一個公告，禁止人們遷往滿洲，雖然那裡的穀物便宜很多，而這發生在土地的價格只能賣到實際價格的十分之一的時期；同樣真實的是鄰省的某些官員禁止向山西出售糧食。這使得饑荒的狀況更惡化了。」

## 李鴻章：我輩同歸於盡，亦命也夫

「丁戊奇荒」波及居民一億六千萬到二億人。直接死於饑荒和疫病的人數，至少有一千萬。從重災區逃亡到外地的災民達兩千萬人，依戶部人口清冊統計，1877 年山西人口為一千六百四十三萬三千人，到 1883 年時僅為一千零七十四萬四千人，淨減五百六十八萬九千人。其中太原府災前人口為一百萬人，災後僅剩五萬人。

饑荒的規模讓整個朝廷都籠罩在悲觀的情緒當中。1878 年，李鴻章在給友人的書信中即如此說道：「朝廷日事禱祈，靡神不舉，而片雲不起。若清明前後仍不獲甘霖，數省生靈，靡有孑遺，我輩同歸於盡，亦命也夫！」

# 「公車上書」真相

文／諶旭彬

1895年3月，正值甲午戰敗，康有為偕弟子再度入京會試。多年後，類似描述——康有為在1895年領導上千名舉人，聯名上書光緒皇帝，反對政府與日本簽訂《馬關條約》，並提出系統的變法方案，史稱「公車上書」，維新派由此登上政治舞台——成了歷史常識。只是，越常識的東西，往往越遠離真相。

## ▍偽上書

自晚清以來，談及「公車上書」，所用史料基本取材於康有為自撰《我史》。其記述如下（為方便閱讀，對原文作了通俗化處理，下同）：

朝廷命李鴻章赴日求和，議定割讓遼臺並賠款二萬萬兩。三月二十一日談判電報抵達北京，我提前得知消息，馬上讓卓如（梁啟超）去鼓動各省。先鼓動了廣東舉人上摺子抵制和議，湖南舉人隨聲附和。二十八日兩省舉人同時呈遞奏摺，廣東八十餘人，湖南全省參與。我與卓如又分別拜託朝中官員進行鼓動，各省舉人均極為憤慨，連日上奏，奏章堆滿都察院……我認為士氣可用，遂召集十八個省舉人在松筠庵集會商議，簽名者達一千二百餘人。我用一天兩夜時間起草了一份萬言書，內容包括拒和、遷都、變法三大項。卓如、孺博（麥孟華）連日抄寫，傳遍京城，士氣憤湧。四月八日前去投遞，都察院以皇上已在和約上用璽，事情無法挽回為由，拒絕接受上書。

康的這段記載，對事情的前因後果交代得相當完整，長期以來，被視為關於「公車上書」事件最權威的表述。但考之史料，這番自述漏洞百出，嚴重作偽。事實是：康有為組織的此次上書根本沒有付諸實施，康有為根本沒有去都察院遞交過什麼上書。

相關證據是很多的，此處僅舉一例。康有為一再聲稱上書之所以未成，是因為都察院拒收。這是對都察院的嚴重誣蔑。事實上，都察院在1895年

的上書大潮中，造成了領頭羊的作用，洪良品、余聯沅、褚成博、王鵬運、丁立瀛、龐鴻書、劉心源、高燮曾等二十餘名都察院御史都曾上奏極諫，有些甚至連上數摺；當時實際主持都察院的三位堂官，裕德、沈恩嘉和壽昌，都上奏反對和約，主張再戰，是1895年上奏浪潮中品級最高的堂官。說都察院守舊頑固，拒收康有為發起的上書，完全不符合史實。

康有為說四月八日都察院以和約已成，再上書於事無補為由拒絕接受和代遞自己的上書。這同樣不符合史實。據茅海建教授考證，就在四月八日當天，都察院還向朝廷代奏了官員舉人的上書十五件之多！這些奏摺最晚遞至都察院的時間是四月六日；四月九日，都察院又代遞了十件條陳，條陳上註明的投遞日期，有三件赫然正是四月八日；四月十一日、十五日，都察院再次代遞了九件條陳，其中兩件條陳註明投遞日期為四月十日，一件註明投遞日期為四月十四日。

康所謂四月八日都察院不接受上書，顯然是謊言。事情的真相是：康有為根本沒有去都察院遞送上書。對此，1895年夏天在上海出版的署名為「滬上哀時老人未還氏」的《公車上書記》一書本有明確交代：「是夕（四月八日）議者既歸散，則聞局已大定，不復可救，於是群議渙散⋯⋯而初九日松筠庵之足音已蹬然矣，議遂中寢，惜哉惜哉。」——所謂「議遂中寢」，意思就是根本沒有去都察院上書。

## 偽反對派

康在《我史》裡還虛構了一大群阻礙自己上書的反對派，康說：「此前舉人們聯名上奏，當權的孫毓汶已頗為忌恨，我組織的這次千餘人的大行動，更是本朝從未有過之事。翰林院編修黃□（作者註：原文缺）曾是孫的心腹，舉人們初六、初七兩天在松筠庵大舉集會，初七傍晚，黃前往各省會館，阻撓此舉，捏造飛言肆意恐嚇，許多舉人被他嚇住了。初八日，街上已到處貴滿大字報，對我們的誣蔑攻擊無所不至，許多人於是退縮，甚至請求撤銷簽名。」

孫毓汶是主和派，對主戰的舉子們的上書不滿，是必然的。但說孫能夠恐嚇士子，令他們心驚膽顫，紛紛撤回簽名，則絕非史實。茅海建教授詳細查閱了軍機處各類檔冊中的相關文件，結果發現：

第一，反對和約的上奏、代奏及電報，已經形成了聲勢浩大的運動。其中最重要且最具影響力的，並不是進京應試的舉人，而是各級官員。

第二，閱讀這一批關於和約的上奏、代奏與電奏，聽到的只是一邊倒的反對議和的聲音。眾聲喧嘩之中，只有一人同意與日本簽訂和約。此人是幫辦軍務、四川提督宋慶。

由此可見，當時的輿論氣氛完全倒向了主戰派，公開出來支持和談，雖無政治風險，卻要冒很大的輿論風險。康所謂的「飛言恐嚇」，簡直不知所云。

退而言之，即便孫毓汶甘冒眾怒，真的對舉子們實施了威脅恐嚇，但他能嚇住舉子們嗎？根本不可能！因為朝中那些身居樞要的軍機章京們，譬如兵部主事張嘉猷、戶部郎中林開章，都正在簽名、上奏，反對議和。上奏反對和議有沒有政治風險，有誰會比他們更清楚？他們的行為，對舉子們而言，具有足夠的訊息暗示和榜樣力量；再譬如：翰林院編修王榮商三月二十九日簽字反對議和，四月三日又單獨上書，還是反對議和，但四月十五日，王卻升任為翰林院侍講，反對議和何曾對他的仕途有過影響？

由此可見，康對當時的政治氛圍的描述，完全是失真的。他所說的反對派，從抽象的機構都察院到具體的個人孫毓汶，反對上書都純屬虛構。

## ▎偽領袖

康在《我史》中自承：自己是此次公車上書的領導者。據康的描述，上書高潮的掀起，始於康命令梁啟超鼓動廣東舉人，湖南舉人隨後響應，康、梁又進一步聯絡了大批朝中官員，最終才有了十八省舉人聯名上書的結果。

這同樣不是史實。康有為及康黨日後撰寫了大量有關公車上書的文章，但蹊蹺的是，對自己當年如何具體鼓動各省舉人、如何聯絡朝中官員、具體

## 中外歷史上朝代更替的秘辛
### 「公車上書」真相

聯絡了哪些官員，全然沒有說明。沒有說明的原因，是因為這些史實都是誇大的。康有為在當時，根本不具備領導十八省舉人上書的資格。

這一點透過對比很容易看出來。康有為曾命令梁啟超出面組織廣東舉人聯名上書，此次上書有廣東舉人八十餘人簽名，梁啟超領銜，康門弟子麥孟華簽名排在第五位，雖然康本人沒有簽名，但說康有為策劃領導了這次聯名上書，是不為過的。這也是1895年唯一一次可以被確切證實的康黨所組織的聯名上書。與此同時，廣東舉人還在陳景華的領導下，組織了另一次聯名上書，簽名的廣東舉人共有二百八十九名，四月初七日由都察院代遞給了朝廷。在本次上書中，麥孟華簽名排在第六十三位，梁啟超排在第二百八十四位，康有為同樣沒有簽字。從簽名來看，此次活動與康黨的領導顯然沒有什麼關係——廣東是康有為的「根據地」，但康黨組織的上書只能獲得八十餘人簽名；一個名不見經傳的陳景華，卻有能力鼓動一場多達二百八十九人的聯名上書。康有為自認為是1895年公車上書的領袖，其號召力卻遠不如一個陳景華，這是怎樣的一種尷尬？

1895年，各省舉人都在弄聯名上書，有些省份甚至多次聯名上書。可以認為：如果康有為真的是本年上書的領袖，本年的上書大潮真的是由他鼓動並且聯絡朝中官員們一起鼓動起來的話，那麼，這些在各省自行聯名上書的舉子們，肯定也很樂意參與康有為親自組織的那場在松筠庵內流產的上書。康曾經說：湖南舉人全體參與了梁啟超組織的聯名上書，但在康有為自己刊布的松筠庵簽名名單裡，湖南舉人卻只有四人而已——而在沒有康有為的領導的情況下，湖南舉人前後三次共一百二十一人參與上書。這樣的數據對比，如何體現康有為的領袖地位？

康門下弟子1895年夏天運作出版了《公車上書記》，書後附有署名為「滬上哀時老人未還氏」（很可能是梁啟超，因梁曾用過「哀時客」的筆名）的《序文》。序文沒有提及康、梁是公車上書領導者，只是陳述梁啟超與湖南舉子是當日到都察院首遞奏章者。這恰恰正是事實的真相。因為本書出版時，距離事件的發生不過短短一兩個月而已，當事人眾多，忌憚於輿論，康有為尚不敢歪曲事實。多年之後撰寫《我史》時，則另當別論了。

# 結語

　　1895年有沒有「公車上書」？當然是有的。自當年二月十七日至四月二十一日，兩個多月的時間裡，反對和談的奏摺、電報多達一百五十餘件，參與人數超過兩千人次。其中各省封疆大吏過半數參與其中，京城翰林院、總理衙門、國子監、內閣諸部官員均有大規模聯名上書，官員們早已形成了聲勢浩大的抵制和約的上書運動。在官員們的策動下，入京會試的舉人們的熱情同樣高漲，各省公車自行聯名上書有三十一件，共一千五百餘人次簽名。至於康有為在松筠庵所組織的那場簽名，因未曾前去上書，在當時並無政治影響力。

　　也就是說，有兩個不同概念的公車上書。一個是由政治高層發動、京官們組織操作，各省公車參加的公車上書；一個是康有為在《我史》中偽造的「公車上書」。1895年，沒有什麼「維新派登上政治舞台」。

# 相關言論

## 梁啟超：都察院收了康有為的萬言書

　　康有為說，他起草的萬言書都察院不收；但梁啟超卻說，該上書因「言甚激切，大臣惡之，不為代奏」。意思是說都察院收下了康的萬言書，卻不願轉呈皇上。師徒的說法明顯矛盾，也可見作偽的不謹慎。

## 張之洞：與日議和後患無窮

　　張之洞1895年屢次電請朝廷拒絕和議，如三月二十七日電：「和約後患不堪請令王、大臣會議補救並速向英、俄、德諸國訂立密約」；四月初二日電：「和約萬分無理請乞援強國」……當時，過半封疆大吏都持拒和主戰態度。

### 榮祿：翁同龢是個偽君子

馬關議和後，兵部尚書榮祿不滿清流誤國，在給陝西巡撫鹿傳霖的密函中說：「常熟（翁同龢）奸滑性成，真有令人不可思議者，其誤國之處，有勝於濟寧（孫毓汶）與合肥（李鴻章），可並論也。合肥甘為小人，而常熟則仍作偽君子。」

### 康有為：《公車上書記》刻遍天下

時間愈往後，康有為對「公車上書」的誇張就越嚴重。他曾在《汗漫舫詩集》中吹噓說：「東事戰敗，聯十八省舉人三千人上書。次日美使田貝索稿，為人傳抄，刻遍天下，題曰《公車上書記》。」但事實是當年此書銷量不佳，不得不大減價。

### 古香閣：《公車上書記》不能銷

康有為最初為《公車上書記》登廣告，價格是每部實洋兩角。兩個月後，再登廣告大減價，已是「每大本大洋四分，每小本大洋二分」。該書店此後拒絕為康黨繼續印刷大本著作，理由是：「自強學會敗後，《公車上書記》已不能銷。」

### 李提摩太：康有為獲得萬人簽名

康黨雖未在公車上書中造成關鍵作用，但卻努力透過宣傳爭奪1895年公車上書的領導者的歷史地位。傳教士李提摩太曾聽康黨談及此事，所以在其書中如此記載：「他於是起草上書，有萬名書生簽字，包括一千三百名舉人。」

# 復仇、幫會與中國近代社會

文／蘇布谷

## ▍一副對聯裡的風向

舊時中國國人對對聯不僅是一種嗜好，更是一種風俗，周星馳的電影《唐伯虎點秋香》便從側面反映了對對聯這種炫耀「才華」的方式。隨著知識壟斷漸漸被打破，文人由精英階層分化出中下階層，這種文字遊戲不僅在「文人」社會風行，也進入尋常百姓的視野，成為普通人喜聞樂見的文字遊戲。

光緒三十四年（1908年）陰曆十月下旬，仰光的《天南新報》舉辦了一次徵對聯活動，在北美的另一份報紙《美洲少年》積極響應並且廣泛號召，這本是一件「文化軼事」，只是，這個對聯的內容有些特殊。

上聯是：

攝政王興，攝政王亡，清國興亡兩攝政。

求下聯。

這種對聯不會出現在康熙、雍正年間，甚至不會發生在已被眾多跡象表明帝國從骨子裡開始走向式微的乾隆朝。

不僅因為那個時代海外華人數量不像此時一樣多，還因為，以此時為起點倒推至100年前，朝廷還擁有絕對權力，而強大的皇權可以捍衛江山社稷之名，以文字獄的方式操起屠刀。

海外生活的華僑，大都因為在中國國內過不下去了，才歷盡艱險到海外謀生，他們留戀故土、留戀家園。大部分的華僑從事的都是淘金、礦工、修路等條件艱苦但是收入微薄的工作。他們中有一部分人並不知曉中國國內發生的事情，但是這個對聯讓更多普通勞工意識到，這個帝國開啟了新的歷程，甚至已經開始踏上覆滅的道路。

人群中已經開始流傳有關消息：自以為是老佛爺，其實在別人眼裡堪稱老巫婆的女人——慈禧太后和她一直無法喜歡，在死前需要解決的庸碌無為的光緒帝分別在十月二十一日和二十二日撒手人寰，留下一個千瘡百孔又危若累卵的帝國。

當年多爾袞率領鐵騎從白山黑水間殺將過來，英年早逝，肯定想不到自己在帝國興亡之際成為笑料，又或者倘若多爾袞能預測到這種結局，是否能夠改善入關時的濫殺？

當然，歷史不能假設，一如充滿禪味的偈子，以王朝的興衰為代價，以幾百年的光陰為籌碼，最終歸於無盡的惆悵。

就算清宮戲裡全是愛情、美女以及賞不盡拆不完的奢靡，此刻，瀰漫在海內外漢人心頭的是最凜冽的、毫無美感的復仇。

對於那個年代的華人而言，給他們帶來痛苦的未必是遠遊異國身受的勞苦，更多是來自蠻夷之地異族的統治。幾百年來，他們始終無法忘懷的是種族間的仇殺，儘管西方歷史已經前進到工業革命時代，華人的思想還停留在300年甚至500年前，對他們而言，金兀朮、脫脫不花以及努爾哈赤和多爾袞都是同類人，都是胡虜、韃靼。而作為「漢人」，他們要做的是像900年前的岳飛、600年前的朱元璋一樣，驅逐胡虜，收拾舊山河——這與當下的概念不太相同。現在是中華民族的大概念，要建設和諧社會，什麼仇啊恨啊種族的都是過去時了，但是，當時人們的思維和觀念的局限性就是那樣，因此推翻清朝的統治在那時的漢人看來就是種族革命。

這些清王朝的旁觀者，被帝國擠壓和迫害的人在遠離中原、遠離故土的地方蠢蠢欲動。而像參與社會活動一樣，對聯是他們表達情緒與志向的一種途徑——更何況，這兩張出現在不同國度的報紙本質上屬於同一個組織：同盟會。

上聯唱盡興衰，似乎在給舊時代畫句號，下聯自然要開啟新時代。在眾多應徵的對聯中，有一句被選為首唱，根據選擇者的習慣和目的，這句毫無

疑問適應了形勢，展現了歷史肱股之間的角逐：驅胡者豪，驅胡者傑，驅胡者豪傑。

動物的基因能讓其記住「恐懼」和「敵人」，人儘管已經脫離了低級的獸性，但是這一點上，基因還是持續起作用。100多年前的中國人以及革命，起碼從形式上而言，所努力的與爭取的就是復仇。這種仇恨就來自種族仇殺。

儘管在清朝的幾百年裡，有關「滿漢」共存的理想已經努力了很久，但是此種溫情的繁榮卻容易被挑破，相反仇恨更能激勵人、發動人。現在看來甚是狹隘的思想和口號，在那時確是大快人心的。

清軍入關，順治才6歲，據說身分曖昧的多爾袞作為攝政王，不僅管理著朝政，更決定了漢人的尊嚴和生死。

像所有來自蠻夷之地的征服者一樣，剝奪原住民的生命和尊嚴是他的一項重要工作。有關戰爭慘烈的故事向來能口口相傳，比如很多地方管「剪髮」直接說成「剪頭」，據說來源於「留髮不留頭，留頭不留髮」這段歷史。

老人們會以「白髮漁樵江渚上」的狀態，笑談一般講述當年清軍守住城門，讓篤信「身體髮膚受之父母」的漢人剪去頭髮，並且要梳成「蠻夷」的髮式，服從者被放過，反對者的人頭會被掛在城門之上，以示震懾。我們無從想像，為什麼人類會這麼殘忍，而對應這種殘忍的是兩種選擇，一種是臣服，一種則是蟄伏──等待時機復仇；當然還有另外一種人被挖掘了文化的根基後，選擇了以死換取尊嚴──這部分人則以鮮血灌溉了復仇的種子。

因這種「民間」的說法已經有了演義的成分，還有更鐵板釘釘的史料比如「揚州十日」、「嘉定三屠」。

《聖經》說，執刀者，必死於刀下。由屠殺開啟征服之旅的，也將被下一場屠殺征服。

多年前多爾袞種下的惡之花，結出仇恨的惡果。他們做的事成為漢人的慘痛記憶，並且成為漢人鼓動同類的教材。

光緒三十四年（1908年），汪精衛還沒有成為漢奸，也沒有衰老和發胖，沒有和袁世凱的長子結拜金蘭，也沒有拿袁世凱的錢去鬧革命，那時候的他一表人才、一腔熱血，在緬甸仰光，他以《覺民閱書報》為平台，向普通的華僑演講，其演講的內容是《清朝入關的故事》，其英俊的臉龐、博學的知識、煽動性的語言，和著一腔熱血，讓更多的華人關心起了政治並且成為「造反」的力量。在這樣的團體中傳播、激發仇恨和復仇願望的，便是《揚州十日記》、《嘉定屠城記》以及《岳飛傳》。

其實，同盟會不是第一個用「揚州十日」「嘉定三屠」等作為「教材」和工具的組織，在清朝統治的幾百年中，不斷有人打出「反清」的旗幟，一部分人號召反清順便復明，有一部分人只管反清，無所謂復明不復明。

有征服就有復仇。復仇的種子或許沒有萌發成改變世界的力量，但是從來沒有放棄萌動。而這種子的播種，仍舊要往前追溯。

## 洪門那些事

武俠與幫會一度是香港電影很重要的題材，香港電影史上有一些比較著名的電影、電視作品的背景往往和「反清復明」、「青紅幫」有關，比如周星馳的蘇乞兒、李連杰的方世玉系列。

所有的文化載體包括電影，能夠傳播的或許只是吉光片羽。留在香港的不只是功夫或江湖，還有一些有關江湖的記憶，而江湖之中，除了功夫之外，則是幫會。

將功夫和幫會的來龍去脈大致講得有頭有尾，金庸似乎做了一些工作，以小說《鹿鼎記》為代表，歷史、政治與王朝都在真假幽暗之間穿梭。

中華人民共和國成立後，有關幫會，經常出現的詞彙是「反動會道門」，對於一些無法定義的歷史或者政治人物，也多用「民主人士」作為標籤。近年的電影《一代宗師》探討所謂武俠文化，讓人在茫然和意猶未盡中徬徨之餘，也留了一條隱含的線條：功夫「南下」，並且最終留在了香港，但是卻沒有深入說開，就像張震演的那個身世曖昧的武林高手忽然出現又忽然消失，

而導演給的說辭是「有些人就是這樣」。電影對於觀眾而言，在大部分的情況下是速食，所以，似乎也沒有人真正去追究這背後可能的情節以及蛛絲馬跡。

留在香港的不僅是「功夫」，還有部分被殖民文化混血的傳統。這個傳統便有「幫會」。在香港和廣東，4、7為不吉利的數字，其淵源來自洪門，因洪門反清歷史中，4、7的排位上出了著名的內奸導致大敗，所以，4、7對於東方的幫會人士相當於13之於西方的宗教人士。

金庸小說中，出現過各種「兄弟」，比如《射鵰英雄傳》中郭靖和拖雷是結拜兄弟，後來又和老頑童周伯通成了結拜兄弟；《笑傲江湖》裡，令狐沖和向問天也是結拜兄弟。這是小說。

結拜異姓兄弟並不是洪門出現之後才有的，在資訊相對閉塞、文化被相對清洗過的社會環境裡，是武俠小說從一個側面講述了舊時中國人的一些習性和傳統。

金庸對歷史有深入的研究，他的小說在真真假假中也透露出許多歷史的線索。比如，有關洪門的淵源與發展，有一部分恰是可以與史料對應的。

這些口口相傳如史詩一樣被記載下來的「地下組織」的故事儘管已經落伍了，但是若有願意挖掘和圍觀的人，卻恰是近四百年歷史草蛇灰線的源頭。

鄭成功被封為延平郡王，是明末一支奇特的武裝力量，先放下其背景不說，在「民族大義」的面前，他選擇了抗擊清軍——當然，他肯定沒受到過先進的教育，也不知道世界貿易組織（WTO）、世界一體化之類的概念，就像清軍入關，平定中原原則上是種族征服一樣，鄭成功的抵抗也是一種在民族主義大旗下的種族戰爭。

鄭成功之於清朝，有的是國仇家恨，他光復臺灣之後仍繼續抗清。歷史在前進，所以不能以現代人的眼光和標準去看待和評說前人的行為，即使今天看來，很多做法很「鄉土」，但卻是那個時代的人信奉的「聖經」。這個原則不僅適用於鄭成功，或許也適用於孫中山。

## 中外歷史上朝代更替的秘辛

### 復仇、幫會與中國近代社會

鄭成功盤踞臺灣，身負國仇家恨，他需要做的就是復仇，而復仇就要有自己的隊伍或者信徒。可是，明朝之滅亡也並不全因為清軍入關，在清軍入關之前，早已朝綱大亂，內訌頻仍。鄭成功試圖用一種簡要的方式團結更多人，毫無疑問在一個將關二爺奉為神祇並進行叩拜的國度，桃園結義已經是成功案例了，只是鄭成功要做的比桃園結義更多一些，他不是要結拜成三人，更要統一一切可統一的反清力量。

清順治十八年（1661 年），鄭成功在臺灣創立金台山明遠堂，與諸大臣及大將結義為異姓兄弟，此為洪門開山立堂的起始。之所以叫洪門，則來源於朱元璋「洪武」的年號。

鄭成功的目的不僅是在臺灣創立這樣的政治組織和社會力量，還派出很多會員返回大陸，偷偷活動，等待時機，一雪國仇家恨。

反清的力量來自五湖四海，為了同一個目的走到一起，洪門自然而然也跟更多人發生聯繫。比如，現有資料顯示，明朝遺臣顧炎武參與了洪門的活動，並且仿照對洪門「王侯將相」的玩法和稱呼進行了一些改良，以大哥、二哥、么哥作為同門之間的稱呼，從而變成更接地氣也更適合普通人品味的遊戲方式。或許因為洪門的說法太直白，在清朝的統治區從事顛覆政府的活動還是需要小心低調，所以洪門也就有了一個分支叫漢留（袍哥）——漢人、漢族需要積蓄力量，至於滿人如何，那就不言而喻了。

如西方有關共濟會的傳說一樣，所有的幫會勢力若想發展，必然要有一定的經濟基礎，幫會在成立之初不能讓會員們「湊錢」——儘管湊錢是必須且必然的事。漢留的財政來源有相當一部分是「闖王寶藏」——這是文史資料上說的，不是小說裡杜撰的。有了啟動資金之後，洪門便開啟了生產與經營活動：設票號、當鋪，準備糧臺。

中國封建社會向來重農輕商，現在的精英行業在那個年代大都是下九流的行當，把腦袋別在褲腰帶上搞政治和地下幫會的人，自然容易劃分到「無恆產者無恆心」的行列，這一點，東西方，共濟會和洪門似乎異曲同工：金融、物流等行業的起源與發展與幫會發生了必然的關係。

清朝視洪門為大逆不道，一經查出即抄家滅族。經濟基礎和政治目的之間的關係向來相輔相成，「天下反清漢人是一家」，幫會的人員會越來越多，人員聚集到一定程度，自然嘗試武裝鬥爭。有資料記載的是康熙十二年（1673年）到康熙三十七年（1698年）均有起義活動。但是，在清朝一統天下的格局下，民間反清常常歸於失敗。儘管如此，反清的組織卻此起彼伏，並且衍生出各種祕密結社，比如九龍山、三點會、三合會、紅槍會、大刀會、小刀會。

　　各種劇本和小說裡，乾隆皇帝下江南竟然能打入敵人內部，成為青幫成員，其實不然。洪門是清朝最不穩定的政治因素，清政府一直忙於鎮壓但是從來都沒有殲滅過；而清朝則是洪門斯德哥爾摩症候群一般的敵人和戀人，被綁架者愛上了綁架者，洪門一直在試探、反對、失敗中輪迴。

　　兵家說，知己知彼百戰不殆，將桃園結義、梁山好漢視為精神領袖的洪門人自然懂得這個道理，所以就派出了翁乾潘到北京坐探清廷消息，結果，這位通緝犯被朝廷捉拿，意志不堅定，投降清廷做了叛徒。

　　清王朝為了對抗洪門，同時也培植自己的力量，就讓其適當參考洪門的文化與架構，組成安清幫，這就是青（清）幫的來源。洪門和安清幫，洪門傳承明朝的衣缽，安清幫則為大清的天下奔忙，這對歡喜冤家幾經輾轉，在歷史的進程中經歷了組織和語言的演化，這就是常言所謂「青紅幫」的來源。

　　洪門有當鋪、票號，青幫自然也需要有生計來源，皇帝老兒賞飯吃，於是就將護運軍糧的工作交給了青幫來做──這是大清帝國的物流業。既然青幫是為了挾制洪門才建立的，架構自然與洪門的「兄弟」式組織不同，改成「師徒」關係。

　　京杭大運河──這條已經使用了上千年的水利工程，至今有一些河段還在使用中──在數百年前，是大清帝國主要的南北交通生命線。清朝時候，儘管到了乾隆年間，出現了人口的爆炸式增長，但是軍隊卻不像今天這樣人數眾多、武器先進，與之對比的是，城鎮和鄉村都沒有得到充分發展，北京城也就限制在今天的二環內。二環裡的道路除了兵馬司、燈市口，還有牛街、菜市口，都是平頭老百姓混跡和謀生的地方，所以也不存在成規模的城市化進程，不只是洪門可以嘯聚山林安營紮寨，四處還有土匪出沒。青幫的工作

## 中外歷史上朝代更替的秘辛
### 復仇、幫會與中國近代社會

是護運軍糧。當然,這似乎也可以從另一個角度反映,清朝軍隊的數量和戰鬥力都不行,這為百年之後的曾國藩、李鴻章、張之洞以及後來的袁世凱訓練新兵埋下了歷史的伏筆。

京杭大運河由杭州北至北京東郊的通州分成一百二十八段半。當時北京的通州叫「北通州」,因為南方還有另一個通州,便是南通州,現在屬於江蘇省——有一副一度被稱為絕對的對聯讓兩個通州耳熟能詳:南通州北通州南北通州通南北。當然,當歷史進入 21 世紀,有才的學生們很輕易地對出了下聯:男學生女學生男女學生生男女。——時間往前追溯一百多年,下聯就是他們無法參透的謎。

青幫在朝廷的安排下「靠水吃水」,由「叛徒」翁乾潘的門徒一百二十八人及書僮(門外少爺)一人為碼頭官,職級為四品都司、五品守備和六品千總。碼頭官雖然有軍職,但是不帶兵,僅做諜報工作,碼頭官的身分和工作可以世襲,傳給其中一個徒弟。與之對應的是,洪門大旗下的大刀會、小刀會甚至紅燈照之類的社團都是平行的關係,只要有人馬、有山寨、有人張羅並且宣誓,就可以「開山門」。

建立新的社團可以叫開山頭、開堂口,辛亥革命前許多「會」興起,其實就是新的「山頭」,比如陶成章的光復會成員秋瑾回國聯絡的是「九龍山」。有了「山頭」「堂口」,等於是一方勢力,可以造成調解互助的作用,加入幫會,記得口號,都是天下兄弟一家親。如果是公事到了個新碼頭,對上暗號,就有當家人負責協助;即使是私事,身上沒錢,到了新碼頭,對上暗號,就有人招待吃喝,走時還會送上盤纏;等等。

幫會想維持下去,光靠土匪的玩法肯定不行,所以辛亥革命前後造成巨大作用的浙江幫會「九龍山」吸引了相當規模的豪紳加入,在民間,幫會大佬可以解決很多問題,想像一下,這就是中國版本的《教父》。

所以,中國中央電視臺播出的《京劇》中提到「跑碼頭」一說,各路人等將「跑碼頭」的解釋無限人文化和虛化,殊不知,跑碼頭最直接的意思就是在青幫 128 個半碼頭上跑生活,為了生存輾轉奔波,到一個新碼頭自然要拜訪「地頭蛇」,這是一種民間社會組織和社會管理形式。

「拜碼頭」——獲得許可才可以演出，後來漸漸變成透過本市鎮重要人物的門路，獲得通融和認可。在自給自足的小農世界，到我的地界上發出響聲自然要獲得我的允許（當年那麼多人反對火車就是因為火車在田野裡轟鳴狂奔卻不需要允許，如妖孽橫行，這簡直挑戰了土地爺的權威了）。因此跑碼頭的人們必然要拜碼頭，漸漸地，這「碼頭」的含義便虛化了。

　　清官難斷家務事，幫會可以斷。之後士紳、軍閥、武裝勢力、富商都不可避免地進入幫會的系統。比如到了清末，不少到天津演出的著名伶人，都要找到門路到載振（慶親王的兒子，世襲的慶親王）等人門下走動，或者首先在載振家裡唱幾齣戲，這便是「跑碼頭」與「拜碼頭」。

　　其實舊時，不僅京劇，連生意人甚至要飯的出門跑營生，都叫跑碼頭。

　　除了土匪，青幫還要面對洪門，江湖義氣讓他們的目光被挾制。青幫的出現不過是朝廷政治權術中平衡與借刀殺人之術的集中表現。

　　青幫被洪門視為叛徒，青幫的門徒也就成了洪門的敵人和對手，洪門人士見到青幫糧船就打，既然青幫的後台是皇帝老兒，皇帝老兒不能坐視不管，這樣每次都需要「黃雀在後」，然後青洪兩系兩敗俱傷。後經妥協，江湖人士採用江湖的辦法，即青幫糧船見到洪門阻攔，立刻將船尾卸下，表示卸尾而過，就像一隻狗表示屈服一樣。

　　但是青洪之間的「叛門」之仇並沒有輕易結束，以反清為宗旨的太平天國崛起後，太平軍一路北上，占領了京杭大運河沿岸的很多城鎮，青幫被洪門殺了五十六個碼頭官，剩下七十二個半。洪門的人本以為出了一口惡氣，其實外人看來不過是自相殘殺。抗日戰爭結束後，反對內戰的人號召中國人不打中國人，其實，千百年來，中國人一直在打自己人，太平天國以來的各種屠殺，既不是開始，也不是結局。洪門與青幫之間的過節，與其說是清理門戶或者歷史仇恨，還不如說，他們是中了多年之前，皇帝老兒的離間之計。

　　反正洪門的目的就是反清，難免走進「敵人的敵人就是朋友」這樣的死胡同。在太平天國興起之時，洪門也在不自覺間由地下組織半公開化，而公開的方式便是加入反清的隊伍。

### 中外歷史上朝代更替的秘辛
#### 復仇、幫會與中國近代社會

道光二十九年（1849 年），帝國病入膏肓，一個叫陳正成的幫會人員在新加坡設立三合會，並設分支於廈門，加入者甚眾，後來陳被清兵捕殺，另有黃威繼等人率眾響應太平天國，自稱明軍指揮官。聽上去很有穿越的喜感，其實在那個年代，現實卻是嚴肅而且血淋淋的，民眾受到「胡虜」壓迫甚重，貧困且沒有文化，這種約定俗成的江湖伎倆反而能讓他們按照千百年來的方式獲得支持和得到擴張。

更誇張的是 1930 年代的上海，幫會人員開山門收徒弟，仍會做上一套明朝的衣服——方巾帽子、圓領長袍，並且行三跪九叩大禮，以明朝的禮儀進行這種儀式。太平天國的時候有這樣的行為也不足為奇。

太平天國畢竟是一場農民起義，而且像所有農民起義一樣，都假道各種神明語言，這樣的事情在中國歷史上屢見不鮮，可以從陳勝、吳廣起義算起。陳勝、吳廣結社起義時找個人裝成狐狸在廟裡「預言」「大楚興陳勝王」，本質上並不見得多新鮮，但是太平天國發生的年代特殊，在客觀上促進了近代華人與世界的聯繫。

## ▎太平天國與世界

許多好萊塢電影，在描述舊時代和舊社會的時候，都會捎帶出現一些華人的角色和生活狀態。除了李奧納多主演的《紐約黑幫》中有相當鏡頭描述華人幫會、茶館、戲樓等具備特定時代和歷史含義的意象之外，經典如《教父》中，也不時閃現華人生活場景。甚至《暴力特區》直接讓華人組織成為反面形象，有趣的是，不知道導演意欲何為，《暴力特區 2》中的華人黑幫在服飾、禮儀、家具等方面隱含了很多與明朝相關的訊息。

無論在紐約還是洛杉磯，19 世紀末、20 世紀初的華人社會在底層，神祕而複雜。太平天國的發起或許不是洪門組織的，但是在興起的過程中，很多洪門幫眾揭竿而起，加入反清的隊伍，比如上海的小刀會就拉出隊伍參加了太平軍。一方面，洪門的各種組織積累了足夠的仇恨；另一方面，太平天國也歡迎更多搭檔一起戰鬥。這樣，與洪門相關的幫會多將反清公開化，所以有關太平天國的真實記載不僅暴力、魯莽，而且很血腥。

太平天國對清朝官員和士兵血腥屠殺，清廷對太平天國的處理也血腥而粗暴。太平天國失敗之後，中國國內的生活環境愈加惡劣，清廷對任何與太平天國有關的人採取的措施是趕盡殺絕。

　　一個參與過太平天國運動的人，在太平天國失敗之後面臨兩個選擇，要麼留在故鄉等著被清軍處死，要麼想辦法到異域生存，求生的本能讓一部分人選擇了飄零過海討生活。

　　出海討生活不是因為太平天國的失敗，但是太平天國失敗讓討生活的群體急劇壯大，更多的人到海外謀生，他們或許之前就與幫會有千絲萬縷的關係，或許在中國國內並沒有加入幫會，但是在國外，出於自助或者尋求保護的目的加入了幫會。以舊金山為例，華僑數量眾多，在幾千年傳統的影響下，除了讀書、種地和賣苦力，沒有其他職業選擇的方向，加上中國人千百年來戀土的情結，不是逼不得已華人不會遠離家園；遠離家園的人大都是在中國國內混不下去的，所以不會有創業的啟動資金。

　　華人的工作主要是到金礦淘沙，去鐵路挖土，也有一部分做洗衣店或者燒飯之類底層的僕役工作。加上種族歧視導致的教育資源不均衡，很難進入正統的學校學習，就導致了幾世貧困的情況。

　　加上中國傳統文化中對於法律與訴訟的恐懼，華人不僅害怕打官司，也不會打官司。看過電影《教父》的人或許記得，來自西西里島的義大利移民教父為了生存，鋌而走險，幹掉暴虐的警察，讓自己成為調解、協調的力量，並且最終發展成為一手遮天的政治和經濟勢力。華人和來自西西里島或者其他任何一個地方的底層人一樣，在新的天地找尋自己的生存空間，幫會成為必然的選擇，何況他們之前已經受過幫會文化的薰陶。

　　在舊金山，這個成立起來的幫會組織是洪門致公堂，其主要任務是調節華僑之間的糾紛。

　　舊金山不是華人的唯一目的地，還有些人的目的地是別的地方，比如緬甸、爪哇等。華人需要互助的幫會，洪門本來就有這樣的需求和傳統，於是凡是有華人的地方就有了幫會，幫會一度是華僑之間的調解機構和互助組織，

是皇帝和族長之外的另一種依靠。1886 年，孫中山在檀香山加入致公堂，後來被推為堂主，華人從中獲得實惠，再次促進了幫會的發展。

自助機構成為政治勢力是歷史的必然，這樣的故事不僅發生在電影《教父》甚至《蝙蝠俠》裡，也發生在真實的歷史和生活中。之所以在華人身上體現得這麼明顯，是因為中國在這百年的時間裡經歷了古今第一大變革。所有的幫會的淵源是洪門，那麼反清就是他們的首要目的，何況他們之所以背井離鄉是因為清廷的壓迫，他們之所以在海外沒地位，是因為清廷從來沒有盡到保護的職責。

海外波瀾起伏，中國國內也發生天翻地覆的變化，與洋務運動、鴉片戰爭等對於近代中國同樣有影響力，涉及基礎的一個變化是：青幫不再吃朝廷的飯了。

在喊打喊殺中，洪門借助太平天國的勢力，以處置叛徒的形式屠殺青幫的「碼頭官」，而在此段時間裡，「洋務運動」在夾縫之中也對中國有著重要的影響，諸多影響中，有一條與幫會的利益休戚相關：更多航運尤其是海運發展起來，無論是日本、德國還是英國的船隻，甚至是順勢而生的招商局的輪船也開始營運。青幫曾經壟斷的物流業，壟斷優勢已然不在，當年繁華無邊、風月無邊的運河航運被海運代替，朝廷不再養青幫，安清幫無法承擔安清的作用，而洪門仍舊執行著反清的任務，師徒之間、叛徒和師門之間，再次達成了共識——大家都是黑社會，還是走到一起來吧。

## ■同盟會有自己的套路

光緒三十二年（1906 年），後來一度任民國政府軍事委員、廣東省政府主席、代理行政院院長，中華人民共和國成立後任全國人大常委會委員，民革的創始人的陳銘樞才 16 歲，考入廣東黃埔陸軍小學第二期。從名字上看，這個黃埔陸軍小學就像是後來蔣介石做校長的黃埔軍校的前輩。黃埔陸軍小學是清政府辦的「新式軍校」，學生一部分出自封建士大夫家庭，另有一部分出自資產階級家庭，考試的場所甚至是以前鄉試的地方，可見當時的清政

府還是有相當投入的,但是從第一期開始,學校就已經有許多學生是同盟會會員,並且在學生中宣傳排滿興漢的思想。

陳銘樞也加入了同盟會,並且同盟會內部人員也知道,新來的監督也是同盟會的會員。既然是內部人士相見,這位新監督毫不掩飾地用握手的暗號和「同志」握手以證明身分。

這說明,同盟會不僅已經打入帝國內部,更明目張膽地在帝國的各種體制之中開展活動。至於握手的暗號,其實是借鑑了幫會暗號的形式。

比如陳銘樞和監督的握手,不是手掌握手掌,而是用尾指交搭對方的尾指,然後手背靠在對方的手背上,再將食指在對方脈門點三下,只要這些暗語答對或動作做對了,就知道對方是同盟會會員。

同盟會的暗語也不是一句話這麼簡單,不僅進門、上茶都有自己的規矩,連吃飯都要有暗語,以便於辨清敵我。同盟會吃飯時的暗號是:吃飯前,如果在座的有不是同盟會會員,主人就用左手舉起飯碗,右手夾著筷子,逐個打招呼,其實右手所夾的筷子始終指著某個人,這個被指的人就是外人;如果主盟人發現指得不對,同樣來一次,筷子指向另一個人,這就是糾正,另一個人才是外人,有了這個動作之後,講話就要保密。

吃飯過程中,同志保密還有另一種暗號,表面上用湯匙舀湯,但舀湯之前湯匙先在碗邊上刮一圈或者大半圈,儘量發出聲音,使大家注意,然後舀一湯匙湯,故意在湯碗邊上平拖一下,似乎是刮去餘湯防止流下,其實湯匙尖所指便是外人。

清末時期,革命黨常常聯絡會黨並利用會黨的力量來發動革命活動,其中比較著名的會黨組織有洪門、三合會、哥老會等。會黨即幫會。同盟會與洪門等幫會的關係較密切,其暗號暗語也是借鑑自這些幫會。而洪門這類幫會的暗語要更加複雜和專業。

對於幫會使用的暗語,很多小說或者影視作品中來回就那幾句詞,不是「天王蓋地虎」,就是「寶塔鎮河妖」。香港電影《新龍門客棧》中,林青霞扮演的「莫言」在進入龍門客棧的時候,張曼玉扮演的金鑲玉就跟她進行

了一次盤道,「八方風雨,比不上龍門山的雨」。暫且假設電影故事的合理性,龍門山應該就是龍門客棧的山頭,而這句話就是「暗語」。有趣的是,與林青霞同行的江湖中人不知道此接頭暗號,所以,張曼玉說這幫人是不黑不白、來路不明。而梁家輝扮演的周淮安,雖是官府中人,卻知道應對,面對張曼玉的「盤道」,他對了一句「龍門山有雨,雪原虎下山」,因此被金鑲玉認定是同道中人。

與之對應的是,後來的太監的那支隊伍,穿著官靴帶著兵器號稱做生意,金鑲玉儘管也因為貪財而忙於應付,但是心底裡卻是疏離的。

電影畢竟是一種藝術形式,《新龍門客棧》也沒有交代那個在明朝景泰年間出現的幫會到底是不是洪門,以及甄子丹演的太監到底是誰。我們就當藝術或者消遣來看,無法較真,但是,清末的幫會,包括洪門和青幫以及同盟會的暗語,卻是有充分的文史資料記載的。

既然同盟會與洪門關係密切,我們不妨再說說洪門的規矩。

比如凡是洪門哥弟到某碼頭聯繫方首(一方之首),進茶館、酒店時,不管方首是否在,都要用右腳向前跨門檻,無論酒店還是茶館,來客進門後都要兩手分開撲在桌邊,說「請堂倌泡茶」,堂倌拿一雙筷子給來客,來客要將筷子放茶碗左首桌子上,同時將茶碗蓋子仰放在筷子左首。這是行動上的暗語。

接下來就是語言上的「對暗號」,如果堂倌問:先生要吃什麼?得回答「我要吃糧」(吃糧在洪門暗語裡是當兵的意思)。要問從哪裡來,得說從山裡來(洪門各種機構叫山門、山堂)。要問到哪裡去,得回答從水路回家(從山、堂、香、水訪自家人的意思)。筆者翻閱大量資料,並沒有資料顯示「天龍地虎寶塔河妖」之說與洪門或者青幫有什麼關係,大概是土匪自定義的密碼。

洪門的暗語主要用於識別身分。進門的姿態是第一層,與堂倌的暗語對接是第二層,之後被堂倌認可之後約到密室交談是更深入一層。密碼的英文 password 這個詞能很好地描述洪門密碼的作用,如果密碼對得準,就Pass,否則就得另想辦法。

主客二人在完成從哪來到哪裡去的回合之後，堂倌也即當家人，就會用更專業的「盤道」把來客的身分、地位、山堂來自何方、此行目的與任務等都打聽清楚。當家人被稱為老五（洪門之「洪」加老五之「五」合起來就是洪武）。

這些「舊式」交流方式已經成為一種灰色的世俗慣例，不僅被同盟會使用，中華人民共和國成立前所有的非公開組織幾乎都用，連共產黨的隊伍有時也會適當借鑑這種「聯絡」的方式。比如在《沙家浜》的故事中，蘆葦蕩中的傷病員和常熟縣委聯絡的暗號是「螞蟻爬，劈裡撲」，而聯絡的地點則是各個茶館，一些茶館的老闆就是共產黨員。

## ▍幫會曾為革命出力

光緒三十年（1904 年），孫中山曾短暫逗留舊金山。

從成立興中會到加入檀香山致公堂，他已經行動了近 10 個年頭。孫中山這次舊金山之行的主要工作，表面上看是透過演講「揭發」滿人，呼籲所有「海外華人」推翻滿人的統治，這其實是執行 260 年前鄭成功為洪門訂立的工作任務。孫中山實際上是協助改良洪門致公堂。

為何致公堂歡迎革命黨人加入呢？一則，當時同道中人認為，興中會是致公堂的兄弟單位；二則，事實上致公堂比興中會更有知名度和美譽度，作為一個「品牌老店」更值得信賴，但就像電影《教父》裡表達的一樣，教父的知名度和影響力到一定程度，就要找尋新的出路，想在其他方面有所發展。

孫中山又為何要加入致公堂？很重要的一個原因是籌備經費。兵馬未動，糧草先行。革命就意味著除了足夠的人力之外，還需要武器糧餉。

所以革命黨成立之初就面臨著經濟問題需要解決，同時致公堂有發言權的核心人物都是沒有工作的，其收入來源主要是「會費」，而所有新加入革命黨的會員都要繳納會費。每個人繳納七八元，一部分作底費、香油費，一部分算作主盟者的收入，一部分作為加入儀式時的助手費用，另有相當一部分就是活動經費。

換言之，會員都要交會費，致公堂有豐富的經驗來穩固根基和群眾基礎，有足夠的能力處理會費事宜。

在孫中山的幫助下，致公堂進行了一定的改組，承擔了給革命籌餉的工作，為此孫中山還親自當舅父（介紹人）帶領同志們加入致公堂。

宣統元年（1909年），同盟會在舊金山大埠發展會員，經過長期考察，將XX吸收入會，於是XX收到了入同盟會需要的盟書，後來，孫中山到別處演講和發展會員，就是以這個盟書為模本的。只要孫中山親自演說發展會員，就會有很多會員現場加入，所以盟書是印好的，為了方便有些不識字的會員也能入會，還可以代簽。具體的格式是：

具願書人＿＿＿＿＿＿＿＿當天發誓，驅逐韃虜，恢復中華，創立民國，平均地權，矢忠矢信，有始有卒，如或渝此，任眾處罰。

除了「平均地權」一項比較有新意之外，其餘內容均和以往洪門旗下其他的幫會沒有本質區別。有趣的是，對平均地權反而大多數人不懂，且不說廣大的勞工階層，就是閻錫山也搞不清楚。

一向被認為是「軍閥」的閻錫山其實是名副其實的「海歸」。他在日本學習軍事，在留學日本的時候聽到孫中山的講演，加入同盟會，因此還和孫中山有一面之緣。因為他並不懂得平均地權是什麼意思，所以得以當面向孫中山請教，而孫中山也耐心地給他講解。

用現在的話來說，大概可以論述為共享土地收益，若再文縐縐一些，還可以說成「級差地租」的再分配方案。但是，同盟會這種方略，普及的過程看來相當漫長，遠沒有共產黨的「打倒土豪分田地」更淺顯易懂，更有號召力。

當然，我們不能以現在人的眼光苛求前人。

在這種以種族復仇為共同目標的前提下，各山頭、門派、堂會在有意與無意中一同走到了現代革命的道路上。

同盟會只是海外發展起來的一股勢力，洪門以這種開枝散葉的方式建立了各種組織，無論同盟會、致公堂，又或者光復會、袍哥，都為了一個共同的革命理想走到一起，他們的理想便是：排滿。

　　諸多在海外留學的人，尤其是日本留學者，宣誓入會之後，在「揚州十日」和「嘉定三屠」之類宣傳文件的推動下，把「排滿」當成人生的目標，利用自身條件潛伏回來，打入「敵人」內部則是他們的一招棋。

　　其中，秋瑾在日本加入了光復會，接受樊光（原名羽中）的建議——革命應從聯絡內地實力派和幫會入手。她歸國後以維新勸學為名，訪問嚴州、金華、台州、新昌、嵊縣、紹興等各州縣，聯絡各地豪紳及九龍山首領。

　　經各種拉攏，可以想見也許會有各種盤道或者喝血酒的經歷之後，開明豪紳加入山頭的很多，並且各自立會立堂，發展九龍山分山組織。（九龍山，這「山」「堂」並不是指的某座山或者某座堂，是指分會組織，基本可以理解為XX支部。）

　　因此，浙江境內關於革命的宣傳鼓動，多由光復會首領負責，關於籌款、運械、偵察、聯絡、組織兵員等實際行動，大都由九龍山頭目負責。與之對應的是，在四川、湖南境內，袍哥是幫會的基礎力量，之後在「保路運動」中充當了主力。這種看似千年不變的幫會運動牽制了清政府的力量，以至於潛伏在武昌，已經打入新軍隊伍的革命者得以舉兵起義。

## ▌籌餉那些事

　　同盟會成立之後做了兩件事，一是籌餉，一是宣傳。與此對應的是，在緬甸仰光、檀香山、舊金山、爪哇、馬來等地，同盟會用很短的時間建立了組織，並且發行了水準參差的機關報，而舊金山同盟會的宣傳平台就是《美洲少年》，於是就出現了本文開篇提到的：同盟會以各種群眾喜聞樂見或者能讓群眾情緒被激發的方式宣傳革命主張，而革命的主要內容甚至核心內容就是——「排滿」。

據不完全統計，同盟會各處的機關報多達上百種。此外，同盟會面臨的另一個問題是經費問題。致公堂只是其中一個願意合作的兄弟單位，在更多的情況下，金銀這點事還需要自力更生。

陳其美原名陳英士，說起他，可能知曉的人不是很多，但是如果八卦一下此人的身分和曾經的作為，知道的人就多了。

近代中國赫赫有名的四大家族之一便是陳果夫、陳立夫一家，陳其美是陳果夫和陳立夫的叔叔，很多曾經認識陳其美的人都覺得陳果夫的面貌與其叔非常相似。

陳其美是同盟會元老之一，也是辛亥革命之後的「上海都督」。陳其美留下的信函中，幾乎每一篇都提到「錢款的事」（比如 1914 年 5 月 4 日給葉獨醒的信中說，欣悉宿務籌捐……怡朗寄來閩餉額兩千元，已交財務部發給收據……吾黨近日各方面甚形活躍，惟軍興之際，需孔財殷，再在仍冀我兄鼎力也。1914 年 7 月 17 日，收到孫中山的錢款，還打了收條：「收到孫先生交來，分付各省公用費日銀一萬一千元，此據存信」）。

1914 年辛亥革命已經成功近 3 年了，同盟會仍舊為錢的事頭疼；辛亥革命之前，同盟會缺錢的情況也就可想而知。

1911 年，上海名妓沈秋水有一恩客叫陶寶駿，是端方的手下，在端方門下充任軍務要職，貪汙了數十萬兩軍餉，辛亥革命時，這個小哥來到上海，跟沈秋水廝混，錢也放在沈秋水這裡藏著。陳其美不知道從哪裡聽說這位陶先生有割據鎮江自任都督的企圖，當然，這是可能的，不僅因為他本人是鎮江丹徒人，還因為手裡有錢，亂世嘛，大家都缺錢，有錢就有槍，有槍就有隊伍。所以陳其美就假稱要和他商量公事，邀請他前往督軍府。這位陶某人也夠沒腦子的，真的就去了，結果剛到，連句話都不知道有沒有說，就被陳其美槍斃了。當時還不算主流人物但是貌似又混得還可以的史量才聽說陶恩客死了，錢在沈秋水手裡，就找到沈秋水，娶她為妻，這樣，史量才就有了盤進《申報》的資本。（有人說這個資訊失實，此處只做一家言。）

或許，陳其美並不是因為想要錢才幹掉史量才老婆的恩客的，但是陳其美與張勳的小老婆之間的故事必定與錢有關。1911年，江浙聯軍攻克南京，張勳敗退徐州，其愛妾小毛子在下關被聯軍捕獲，當時正缺錢的上海都督陳其美聞知，出了一個主意：擬議把小毛子押至滬上張園展覽，參觀者每人次收錢四角，因小毛子有豔名，預估門票可收入十萬元，以助軍餉。

　　張勳氣得鬍子都歪了，好在陳其美身邊還有明白人，於是委託中間人做了個交易，讓人把小毛子送到徐州附近的宿縣，交還張勳。張勳為此付出的代價是把從南京劫持來的十四輛機車、八十輛客車歸還津浦鐵路局，陳其美也算沒白忙活一場。上海都督陳其美尚且如此，其他會員自然也不會更輕鬆。

　　舊金山同盟會會員、《美洲少年》的創立人之一溫雄飛宣誓加入同盟會之後，接受的任務就兩條：宣傳和籌款。忽然有一天，接到了通知──「黨需要一萬元，限24小時完成，不管用什麼辦法」，結果其中一個人只好把家裡經營靴店的錢偷偷拿出來。

　　──對了，他們當年還發行過革命債券──所以，為革命，大家當初真的都蠻拚的。

## 辛亥革命是「種族革命」，更是會黨革命

　　結拜兄弟這事在中國是一個奇怪的傳統。沒有計劃生育的時代，親兄弟那麼多都不夠用，三國時要桃園結義，到了水滸中還要一百零八個兄弟才好壯大聲勢。「打仗親兄弟」似乎是所有軍隊信奉的傳統。

　　兄弟、會黨和軍隊之間向來有密切的聯繫，同治年間，湘軍撤營之後，被撤的官兵除了有一部分歷年在軍中透過剋扣和掠奪成了官僚地主情願回鄉享受之外，大多數都變成了遊民無產者，於是相約拜盟，結為兄弟，並紛紛加入會黨，其中一部分人隨左宗棠去了西北。

　　會黨滲透軍隊在當初是很嚴重的問題，以至於左宗棠在西北更定的《楚軍營制》明確規定不許結拜「哥弟」等，而且規定，「如有犯禁，查實定行分別嚴懲」。這裡所說哥弟等會，哥指哥老會，弟指添弟會。添弟會原是天

地會，因為天地會的名字，顯有野心，左宗棠明知其實，也不敢向皇帝報告，只好改了詞糊弄一下。這些幫會在左宗棠西征軍中，嚴重到需要制定法度親自管理。

另一部分沒有隨軍混飯的，則依附兵營、炮台、官衙、稅局以及水陸碼頭的會館「食力餬口」，有從事肩挑負販小本生意的，有開設客棧飯店和鴉片館子的，也有包庇賭博和走私的。這些會黨的組織和勢力逐漸滲入中下層的各個方面。

光緒二十八年（1902年）張之洞裁撤綠營，被裁撤的官兵加入會黨的不少；湘軍的水師在辛亥前後還有選鋒、飛翰、長勝、澄湘、岳沅等十六個營官兵也多與會黨聯繫。舊軍隊如此，新軍也不例外，何況參加新軍的年輕人，如焦達峰、陳其美、蔣介石、閻錫山等，早在日本就加入了革命組織，或者是同盟會、日知會，或者是和同盟會有聯繫的組織，比如群治學社、振武學社、文學社、共和會等，總而言之，是各式各樣的會黨的分支機構。

以焦達峰為例，他19歲東渡日本加入同盟會（屬共進會會員），回國後加入新軍，並且在新軍中組織和發展成員。辛亥革命後被推舉為湖南軍政府都督。

陝西黨人景梅九、井勿幕也是在日本就加入同盟會的革命黨人，日後被推舉為秦隴復漢軍大統領，曾經在新軍中擔任管帶的張鳳翽是日本士官學校畢業生，是會黨成員。

江西九江新軍起義，最後由同盟會會員李烈鈞繼任江西軍都督。

山西的革命後，被推舉為軍政府都督的閻錫山是新軍標統，在日本學習期間加入同盟會。

雲南是國防重區，駐軍比其他省份多，總督是李鴻章的侄子李經義，他對蔡鍔很賞識，可不成想，雲南新軍多是日本士官學校的同學。武昌起義後，李經義聽到各地革命，為防止雲南新兵響應，在九月初七晨操時突然下令收回士兵的軍械，結果激怒了官兵，蔡鍔率部起事，新軍響應，蔡鍔因此被推舉為軍政府都督。此後蔡鍔派兵護送李經義出境，而靳雲鵬化裝成轎伕出逃。

## 辛亥革命是「種族革命」，更是會黨革命

上海為革命根據地，長江流域革命多策源於此，陳其美等人留日期間加入同盟會，完成上海光復；日後為禍山東的軍閥張宗昌，此時還是東北地區的土匪，他從東北帶領了一隻白俄騎兵參加上海光復——因為土匪也是會黨成員。

浙江方面，九月十四日陳其美派蔣介石帶領敢死隊來杭州，午夜二時蔣介石命令杭州新軍八十一、八十二兩標進攻撫署，十五日改諮議局為軍政府，宣布獨立。

可見，辛亥革命便是集結了新軍和會黨人士的革命，會黨和新軍如此緊密合作、優勢互補，才得以推翻清朝。

如前所述，會黨和軍隊本不分家，就算左宗棠著手治理過，舊軍隊中，上自官長，下至士兵，皆以兄弟相稱，公務上有上下之分，內中其實別有組織，會黨和軍隊既糾結摩擦又相互利用。

同盟會的老骨幹譚人鳳在傳播革命思想的時候說：「革命就是造反，要把現在坐在皇帝寶座上的滿清韃子翻下台去，只有洪門兄弟有這個力量。」

在武俠傳說中，說是乾隆皇帝為抵抗「洪門」勢力而組建了以漕運為經濟基礎的「安清幫」，建成「青幫」；洪門，無論從「洪武」的源頭開始，還是「洪通紅，意為朱」，總之洪門是以反清為目的；而青幫則是以「安清」為使命。洪門講究的是結拜兄弟（平行關係），青幫的規矩是拜師傅（上下關係）。

當年乾隆皇帝是如何計劃的，又或者是不是真的這麼計劃的，不得而知，但是留下來能找到的幫會資料，的確有這樣的說法。

這些表面上職位不高的官，因為是「辦皇糧的」，又兼顧幾十萬漕運大軍的生息，而有了自己的影響力和勢力範圍。

在漕運最興旺的時候，有上百萬人「吃漕運飯」。碼頭官這種官也有自己的工作和傳承方式，碼頭官收徒弟，年老時只選一得意門生傳衣缽，召集徒子徒孫大會，傳位繼承人，關門後不再收弟子。

而這上百萬中有相當一部分人是基層軍人和貧苦民眾，這些人出於互助和尋求組織安全感的需要而拜師投門——這種秩序的傳承一直到1930年代最為興旺，上海灘第一達人杜月笙便是青幫的，他的師傅是大字輩。

太平天國的另一功效，在經濟和航運領域，是打破了內陸航運作為最重要，一度是唯一的交通運輸途徑的格局。內陸航運和地區經濟被破壞，大批的漕運工人要麼失業，要麼成為軍人，還有相當一部分成為土匪，整個帝國的漕運體系就此瓦解。運輸還是要辦，現代化輪船代替人工動力，近代航運業從內陸航運轉入海運時代。而海運發展又必然導致幾百年來一直吃運河飯的數百萬人直接或者間接失業。

這些失業的、生計無著落的人們，沒有了生活基礎，卻保留著江湖習慣，既然清廷不讓他們安，安清幫也名存實亡，這些江湖組織中的人們日後和洪門以及洪門的若干機構合流，變成了反清力量。

中國國內，各種幫會應運而生，青紅已不分家。若干年後，辛亥革命新軍起義之後，各地幫會，包括豫西土匪劉鎮華、中州大俠王天縱、東北響馬張宗昌（也就是日後禍害山東的軍閥）都參與了推翻清政府的工作——這是革命的基礎力量。

如何發動和團結這些革命力量，就是革命者需要考慮的事了。

孫中山先生組織興中會，章炳麟、陶成章組織光復會，黃興組織華興會等革命黨，革命精神是有了，但是沒有群眾基礎；而會黨有的是群眾基礎，幾百萬人的生計出了問題，貧困潦倒又閒極無聊——這便是革命的大好時機。

四海之內皆兄弟，說的就是會黨的規矩，辛亥革命以新軍為主體。從三國演義的「桃園三結義」起，軍中拜把結義向來就是傳統，其中大多都是幫會分子，而通信聯絡、偵諜暗刺、籌款劫殺場等祕密活動、起義時冒險犯難的敢死隊，均由洪門會友擔任。

青幫規定，在各城鎮，特別是沿杭州至大沽口之間的大運河兩岸的城鎮，都設立茶館、酒店作為青幫碼頭的聯絡點，這時候也成為革命組織了。

宣統元年（1909年）九龍山副山主張伯岐到杭州偵察地形，策劃暴動，被清撫偵知逮捕，判定解回原籍嵊縣就地正法。結果走漏了風聲，九龍山主得到消息，一班人馬先伏兵於路上，當解差上了清風嶺休息時，伏兵驟起劫解，將清兵殺盡，救出張伯岐。這聽著特像《水滸傳》裡的情節吧？在知識知識水準相對落後的時期，三國和水滸的確是很多人啟蒙教育的藍本。

在光復會的聯絡號召之下，浙江的洪門會黨首領如張恭、敖加熊、竺紹康、沈榮卿、周華昌、王廉、王金發、趙舒、呂公望等人，均相繼加入光復會，光復會的實力因此大增，成為當時推翻清廷的一支勁旅，在辛亥革命的功勞簿上留下印記。這幫人有鄉紳也有土匪，但是都是會黨中人，團結在「反清」的旗幟下。光復杭州時，王金發所率領的敢死隊，極大部分都是會黨中人；對浙江全省之光復，洪門會眾也起了很大的作用。

1911年11月14日（農曆九月二十四日）浙江光復軍在杭州起義，主力軍由新軍八十一標、八十二標擔任，但攻擊軍裝局和巡撫衙門及旗城的便衣敢死隊和劈開望江、艮山兩城門的便衣伏兵，都是由九龍山義士擔任。在城門未劈開前，是由九龍山會眾和陸軍小學學生先發動的，軍裝局也是九龍山會眾獨力攻開的。杭州光復後，王金發即率所部攻取紹興，成立紹興府屬軍政分府，自立為都督。張伯岐留杭，任浙江軍政府直屬敢死團團長。

川漢鐵路案發生，四川漢留紛紛起義攻擊清督趙爾豐。起義軍的四川都督尹昌衡、湖南都督焦達峰、陝西光復軍大統領張雲山，均為洪門漢留首領。

在辛亥革命運動中，四川的袍哥兄弟絕大多數都參加了革命。袍哥有的個人參加了同盟會，有的集體行動和同盟會共同組織了同盟軍。同時袍哥組織遍及城鄉各個角落，到處打擊清軍。特別是袍哥兄弟夥中的農民，平時都散在田間，從事耕種，一遇清軍，即出其不意地襲擊，滿山遍野地同清軍展開戰鬥，這就是當時的「人民戰爭」。

## ▎黨國 VS 會黨之國

在四川軍閥混戰期間，許多軍事首腦人物如熊克武、劉湘、楊森、潘文華、劉存厚、田頌堯、鄧錫侯等都利用過袍哥隊伍爭奪地盤。因為袍哥隊伍比一般的幫會組織更為嚴密，既有兄弟關係，又有上下關係；既有袍哥的家法，又有軍隊的軍法，是江湖也是社會。

眾所周知，蔣介石從日本回國後，在上海紗布交易所做拍板工作。當時蔣在交易所還沒翻身發財，便託人介紹拜黃金榮為師，寫過門生帖子。四一二事變之後，蔣介石與共產黨決裂，借助幫會勢力步入政界。蔣到南京成立了國民政府，黃金榮認為蔣介石等於做了「皇帝」，便把蔣介石以往給他寫的門生帖子送還給蔣介石。

從留學日本開始，蔣介石就深諳會黨之道，與黃金榮的關係只是其中一角，杜月笙與蔣介石的結交，則反映了會黨與政府關係的微妙。

蔣介石曾經著手解決山東問題，而當時山東的掌權人是韓復榘，韓復榘手下幾個師長是青幫大字輩張鏡湖的徒弟，於是蔣介石就委託當時上海市市長吳鐵城和交通銀行董事長錢新之，請出張鏡湖幫忙，而錢新之是張鏡湖的拜把兄弟，兩人關係好到買房子都買成鄰居。

張鏡湖答應幫忙，蔣介石連忙派了專車來接，見面時，蔣介石用青幫規矩，稱呼「張老太爺」。以此讓張鏡湖去山東勸說韓復榘不要反蔣，為此蔣介石親口對張鏡湖承諾不會對韓復榘開刀，還保證對韓增加協餉以示誠意。最後，蔣派專車送張去山東見韓。

看，軍政大事最終歸於兄弟師徒之間那點事兒，蔣介石的黨國，不見得是「國民黨」的，很可能是「會黨」的。

1931年6月，京劇四大門派第一次也是歷史上唯一一次同台演出。當時梅蘭芳是從廣東趕回上海，荀慧生是在上海大舞台出演，程硯秋從哈爾濱來，尚小雲從天津趕來，這些都是現在人們耳熟能詳的「名角」，也是當年中國國內數一數二的角色；1900年後成名，第一個能以老旦唱大軸，當時已經年近70歲而且十多年沒有到過南方的龔雲甫也破例去了；1918年曾以鴻慶班

頭牌老生演於天津大新舞台的王又宸抱病也在頭天趕到。其他如馬連良、言菊朋、高慶奎、肖長華、姜妙香等也都是很早就去了。這樣盛大的聚會其熱鬧程度百年不遇，因此也有了極為難得的影像記錄，紀錄片《京劇》裡就引用了這樣的影像，其中京劇四大門派的掌門人在同一鏡頭裡的影像也是空前絕後的——如此盛景，為的是會黨人士杜月笙杜家祠堂的落成典禮，這個陣營的豪華不僅看京劇名角，還可以看儀仗隊的陣仗，幾萬人的儀仗隊由六個大隊組成，舉行奉主入祠典禮時，由陸海軍、公安局西樂隊等組成的大樂隊奏樂，要塞司令部在附近鳴禮炮21響。首先道賀的是以國民政府中將參軍身分的楊虎代表國民政府和主席蔣介石。公祭典禮由吳鐵城、劉志陸、宋子文的代表以及孔祥熙、何應欽的代表致祭。

杜月笙曾經說，蔣介石曾向他表示過，有困難可以隨時去找他。

杜月笙名下的、控制的或者有關聯的產業包括銀行、船運、媒體等多方面。

當時的中匯銀行、通商銀行由他控制，另外他兼任中國、交通兩銀行的常務董事，浦東、國信、亞東等銀行的董事長。

在交通界，他是全國輪船業公會理事長兼上海市輪船業公會理事長、大達輪船公司董事長、招商局和民生公司的董事。

在新聞界，他是上海《申報》的董事長、《新聞報》的董事、《中央日報》的常務董事。《正報》實際控制人陸京士是杜月笙的徒弟，此外杜月笙還兼任上海市地方協會會長、中國紅十字總會副會長、上海商會常務監事、浦東同鄉會常務理事、華商電氣公司董事長、中紡公司董事長、證券交易所理事長、世界書局董事長、大東書局主席董事等。

1947年8月30日，杜月笙60歲生日，辦了四十桌最豐盛的酒席。許世英、錢大鈞、王正廷、鄭介民、錢新之、王曉籟、章士釗、唐生明、潘公展等三百多人出席。章士釗寫一篇祝壽文現場誦讀給杜月笙聽，當晚這篇壽文是由于右任、孫科、居正、戴傳賢、李宗仁、宋子文、孔祥熙、吳敬恆、吳鐵城、何應欽等100人聯名簽字送給他的。

第一個去祝壽的，是蔣介石的代表、國府文官長吳鼎昌。接著才是宣鐵吾、宋子文、王寵惠、魏道明、俞鴻鈞、湯恩伯、鄭介民、吳國楨等院長、部長、總司令、特務頭子及金融、工商等界的所謂巨頭和社會名流。當天去的汽車有一千多輛，賓客有八九千人。

蔣介石對他還特別表示好感，除親筆題字與派吳鼎昌代表祝壽外，又叫兒子蔣緯國領著兒媳到他家裡去拜壽，向他行子侄禮——這是杜月笙最輝煌的時候，也是中國會黨江湖最後的盛宴。

此後，除了共產黨和共產黨承認的民主黨派，其他黨派和組織，基本上都是「反動會道門」，在中華人民共和國成立後被清理乾淨了。

# 大汗喪命：釣魚城改變歷史

文／填下烏賊

依歷史記載，憲宗是因攻四川重慶不克而死，是否為中了飛石，史書亦記載各異。但蒙古軍與宋軍激戰最久、戰況最烈者是在襄陽，蒙古軍前後進攻數十年而不能下。為增加小說之興味起見，安排為憲宗攻襄陽不克，中飛石而死，城圍因而得解。──《神鵰俠侶》第三十九回註解

## ▎斡腹之計

蒙古滅宋一共花了 44 年（西元 1235～1279 年），幾乎長達半個世紀。這半個世紀的較量裡，南宋的川陝、荊襄、江淮三大防區經受了嚴峻的考驗。

按照蒙古人的最初設想，宋人文弱不堪，縱橫歐亞大陸的蒙古鐵騎南下，自然望風披靡，平定天下指日可待。因此三路齊下速戰速決是最合適的戰術。

端平二年（西元 1235 年），宋蒙戰爭全面爆發，蒙古大軍分西、中、東三路，分別進攻南宋的川陝、荊襄和江淮三大防區。

川陝防區：1235 年秋，蒙古闊端進攻南宋四川，陷沔州（今陝西略陽）；1236 年蒙軍連破劍閣、閬中、成都；1237 年，蒙軍屯兵於重慶夔州城下，因長江天險阻隔，無奈退兵。

從 1239 年起，南宋朝廷啟用名將孟珙為四川宣撫使鎮守川陝，1242 年，余玠接替孟珙擔任四川宣諭使，到了 1250 年，經過余大帥 8 年苦心經營，四川「邊庭寧肅、人賴以安」，蒙軍駐足不前，四川出現「西土中興」的大好局面。

荊襄防區：1235 年，蒙古曲出進攻南宋襄陽，為宋軍所敗；1236 年蒙軍捲土重來，安撫使趙范防禦不當，襄陽失守；1239 年，孟珙收復襄陽。此後襄陽一直在宋人手裡，是抵抗蒙古入侵的橋頭堡，直到 1273 年呂文煥降元。

# 中外歷史上朝代更替的秘辛
## 大汗喪命：釣魚城改變歷史

孟珙出生於名將世家，曾祖孟安、祖父孟林均與中華戰神岳飛並肩作戰過，但孟珙完成了岳飛終生未達的願望：收復失地，滅亡金國。1234 年，孟珙作為南宋統帥，與蒙軍一起合攻蔡州，俘獲金哀宗完顏守緒遺骸，獻骨太廟，報了金國滅亡北宋的宿仇。

孟珙於亂世之中，鎮守川陝、荊襄兩大防區，以一人之力統御南宋三分之二防線，鞠躬盡瘁，死而後已，是宋理宗時代最傑出的軍事指揮家，被後世軍事家讚譽為「機動防禦大師」。只可惜孟珙壽數太短，只活了 52 歲，於 1246 年謝世。孟珙去世前，曾大力推薦賈似道、劉整二人作為一文一武輔佐理宗皇帝，只可惜這二人一個誤國一個降敵，生生把孟大帥遺志給糟蹋了。

江淮防區：1236 年，蒙古漢將張柔率軍迫近兩淮；1237 年攻陷光州，直逼黃州，黃州江面狹窄，若失將危及臨安。又是孟珙擔任了救火隊員，1238 年成功保衛了黃州。此後數年，宋蒙兩軍在安豐、廬州、盱眙、壽春、泗州等地展開血戰，南宋軍隊也明白江淮一失，等同國破家亡，故而殊死肉搏，保衛了江南新都的安全，迫使蒙古「造舟巢湖以窺江南」的勃勃野心破產。1248 年，蒙古逐漸退出江淮戰場。

三線作戰，力分則弱，導致三線受挫。蒙古伐宋不利，便欲效仿當年滅金的迂迴包抄策略，決意繞過川陝防線，從雲貴高原鐵騎東進，讓南宋防軍腹背受敵，進而一鼓作氣消滅南宋！這條計策，便是著名的「斡腹之計」！

蒙古的如意算盤是：欲征服南宋，先征服吐蕃和大理，借道雲貴避開南宋正面防線，攻其側背薄弱環節。這種戰法古往今來屢見不鮮，「假途伐虢」算一個，二戰時德國繞過馬其頓防線滅法國也算一個。

蒙古垂涎吐蕃由來已久，早在成吉思汗初統大漠的 1206 年，一盤散沙的吐蕃各部領主就集會商議和平歸蒙一事。1222 年，蒙古征服花剌子模後，返程經過吐蕃，古魯格多爾濟汗率眾歸順。1239 年，蒙古多達那波帶領兩千精兵入藏，焚燒熱振寺和傑拉康寺，屠殺五百多僧侶。1244 年，成吉思汗孫闊端給西藏薩迦派第四代祖師貢嘎堅贊（西元 1182—1251）寫了一封恩威並施的信件，提出了吐蕃和平歸順的要求。1246 年，貢嘎堅贊帶領兩個姪子八

思巴（10歲）和恰那多吉（8歲）抵達涼州，準備談判。1247年，和談達成，吐蕃正式併入蒙古，兩國未起兵戈，算是「和平演變」。

1247年的雙方和談，標誌著立國600餘年的吐蕃古國退出歷史舞台，同時也宣告了吐蕃從朗達摩滅佛後近400年的分裂割據局面結束，此後西藏一直受中央王朝的管轄，共同創造中華民族的璀璨文明。

收編了吐蕃，下一步就是降服大理。大理雖然是個邊陲小邦，實力不濟，卻有著抵抗侵略的勇氣。1252—1253年，忽必烈、兀良哈台革囊渡江，十萬蒙古鐵騎攻破大理都城羊苴咩，大理末主段興智逃亡被俘，投降蒙古；大理末相高泰祥兵敗遭擒，不屈而亡。

順利拿下吐蕃和大理後，中華版圖上只剩下蒙古和南宋隔江對峙，天下三分蒙占其二，統一不可避免。寶祐三年（西元1255年），蒙古正式開始「斡腹之計」，雲南、陝西、四川的三路蒙軍夾擊重慶合州釣魚城，意圖拔掉這顆棘手的釘子！但由於宋理宗早早在川南、兩湖地區嚴密布防，1256年，三路蒙軍先後退兵。

寶祐五年（西元1257年），蒙古大汗蒙哥再也無法忍耐蒙軍在南宋戰場各條戰線的困頓不前，親率諸王出師伐宋。次年冬，蒙古雷霆大軍以泰山壓頂之勢殺向小小的釣魚城，歷史在這裡，將見證一場轟轟烈烈、蕩氣迴腸的保家衛國戰爭！

偉大的釣魚城保衛戰，打響了！

## 孤城血戰

蒙哥汗此次以雷霆大軍壓境而來，也是兵分三路：東路軍由塔察兒率領，負責攻擊荊襄地區，阻止南宋荊襄援軍向釣魚城靠攏，此路軍志在牽制，而不在殲敵。選擇塔察兒也是蒙哥刻意為之，因為忽必烈和平收吐蕃、武力降大理，威望日盛，為了防止弟弟功高蓋主，暫且先將其雪藏。

# 中外歷史上朝代更替的秘辛
## 大汗喪命：釣魚城改變歷史

西路軍由蒙哥親自帶隊，是南征釣魚城的主力，據《史集》記載「蒙哥率軍六十萬」，這個數據過於誇大，不可信，另有文獻記載西路軍兵力為十萬和四萬兩種說法，個人偏向於十萬大軍，皇帝御駕親征，規模應該不小。

南路軍由兀良哈台領軍，兀良哈台是名將速不台的長子，行軍打仗深得乃父真傳！由他帶領南征大理的蒙古軍隊，從廣西、貴州出發，進攻潭州（今長沙），這也是為了牽制宋軍以阻止其奔赴救援釣魚城。

蒙古大軍東西並進、南北夾擊，目標是拿下釣魚城，站穩腳跟發展水軍，而後合圍襄陽城！計劃不可謂不完美。然而釣魚城的獨特地理位置，讓蒙軍目瞪口呆。

釣魚城建在重慶東北 5000 公尺處的釣魚山上，嘉陵江、涪江、渠江三水合流，釣魚城北、西、南三面環水，只有東面與陸地相通，釣魚山高聳突兀、自成一系，算得上是山高水深、易守難攻。因為地勢險要、山形險惡、水流湍急，南宋朝廷在此苦心經營 20 多年，小小釣魚城有內城、外城和 8 座堡壘城門，此外城南、城北還各有一道直達江邊的一字城牆，算得上固若金湯。

如果蒙軍採取圍而不打困死孤城的戰略，也是絕無可能讓守軍投降的：城內存糧足夠五年屯守，且有大量梯田耕種糧食，此外重慶、南充等地可水運糧草支援，除了江水飲用不絕，城裡還深挖井水防備不測。這麼看的話，想要彈盡糧絕、耗死守軍只能說是異想天開。蒙軍圍城數月不散，守城主將王堅曾經將兩尾剛剛捕撈上來的新鮮江魚和百餘張麵餅拋給城下蒙軍品嚐，活蹦亂跳的大魚重達 30 多斤，草原軍士聞所未聞、見所未見。

釣魚城的險峻地理位置，讓蒙軍無計可施，「炮矢不可及、梯衝不可接」，蒙古大軍所向披靡的攻城利器此時全部失效。蒙哥叫降將晉國寶招降，結果被王堅斬殺，蒙哥汗無法可想，只能強攻釣魚城。

開慶元年（西元 1259 年）二月初二，蒙軍開始渡江攻城，戰役進行了七天，蒙軍一無所獲。蒙哥急召東路軍增援，兩路蒙軍匯合在釣魚城下，又進行了長達三個月的攻堅戰，依然無果。

釣魚城久攻不下，令蒙古人畏懼的盛夏即將到來。重慶是火爐，草原兵士水土不服，軍中疫病流行。

同時，宋理宗委任賈似道率領援軍增援釣魚城，呂文德、向士璧等人在涪州挫敗蒙軍後，乘戰船抵達釣魚城下。蒙軍看到敵人頑強無比、增援不絕，己方鬥志消沉，軍心渙散。到了六月，蒙哥汗眼見破城無望，無奈下達了撤軍北還的命令，七月，蒙哥汗在重慶金劍山溫湯峽去世。

## 死因謎案

關於蒙哥之死，歷史上有多種說法，主要有中炮死說、病死說、中箭死說、氣死說、淹死說5種。之所以有這麼多說法，主要是最權威的《元史》交代蒙哥之死非常含糊：「是月，帝不豫。秋七月辛亥……癸亥，帝崩於釣魚山。」竟然對蒙哥死因未作交代。

第一種說法就是蒙哥被釣魚城守軍炮石擊中而致死。持有這種觀點的是無名氏的《釣魚城記》（萬曆《合州志》卷1），說蒙哥「為炮風所震，因成疾」，最終導致不治而亡。劉譯華、馮爾康編著的《中國古代史》及邱樹森著的《元朝史話》均採納此種觀點。《神鵰俠侶》顯然也採取了這種說法。

第二種說法流傳較廣，因為水土不服，蒙哥得了赤痢，加上軍中霍亂、瘟疫盛行，病毒肆虐，無藥可治。持有這種觀點的是《史集》，作者是伊利汗國宰相拉施特，是一個具有猶太血統的西亞人。《續資治通鑑》也採納了這種說法。

第三種說法是著名的旅行家馬可·波羅提出的，蒙哥為釣魚城守軍流矢射中而死。敘利亞阿部耳法剌底編著的《世界史節本》接受了這種說法。釣魚山忠義祠內的《新建二公祠堂記》石碑碑文也說蒙哥是「中飛矢而死」。

有趣的是，當代史學家翦伯贊則綜合了幾種說法，在《中國史綱要》一書中說：「蒙古軍因軍中痢疾盛行，死傷極多，蒙哥汗又為宋軍的飛矢射中身死。」

## 中外歷史上朝代更替的秘辛
大汗喪命：釣魚城改變歷史

第四種說法見《古今紀要逸編》，作者黃震，認為蒙哥久攻不下釣魚城，羞怒交加，急火攻心，一怒而亡。

第五種說法見《海屯紀年》，說蒙哥乘戰船臨江督戰，為宋軍「水鬼」扎破船底淹死……

而我則提出了第六種可能：毒死說。蒙古人為了爭奪汗位也不擇手段，窩闊台毒死了親弟弟拖雷、拔都毒死了堂弟貴由，雖然兩案都是傳聞，未經證實，但不會無緣無故空穴來風。從蒙哥防備忽必烈，忽必烈和阿里不哥爭奪汗位來看，這兄弟仁關係貌合神離，蒙哥被人下毒而亡，並非全無可能，當然兇手是誰，也可以大膽猜想一下。

由於進軍不利，蒙哥曾召喚忽必烈替代東路軍主帥塔察兒，1258 年 11 月，忽必烈自開平起行，次年 2 月匯聚大軍於邢州。等到忽必烈抵達淮河的時候，已經傳來了蒙哥的死訊。忽必烈率三軍祭奠蒙哥後，繼續南下渡江攻擊鄂州，試圖以滅宋軍功競爭大汗之位。後來聽說阿里不哥在和林老家諸多宗室的支持下準備登基，其中包括蒙哥的遺孀忽都灰皇后，忽必烈這才驚慌失措，匆匆與南宋簽署了停戰協議，帶兵北返和幼弟爭奪大汗之位。

這麼看來，忽必烈下毒的可能性很大，確實存在這種可能。

當然，蒙哥具體死因已經不重要了，釣魚城之戰擊斃了蒙哥大汗，不僅拯救了南宋，而且讓蒙古的第三次西征被迫停下了腳步。忽必烈和阿里不哥的四年汗位爭奪戰，以及海都在帝國西北的反叛，都讓蒙古帝國繼任者焦頭爛額，無暇南顧，南宋得以苟延殘喘再保社稷 20 年。

等到忽必烈打敗了阿里不哥繼承汗位，蒙古再次南侵大宋，已經是 8 年後的 1267 年。這一次，蒙古選擇了襄陽作為突破口，也就是「襄陽之戰」。

而對於釣魚城，蒙古軍已經不敢再行嘗試，直到臨安陷落 3 年後的 1279 年，釣魚城的守軍才在孤立無援的情況下無奈投降元朝。英勇頑強的釣魚城軍民和崖山流亡政權一起，昂著驕傲的頭顱進行了悲壯而完美的歷史謝幕表演。

# 保衛襄陽：南宋的悲壯輓歌

文／填下烏賊

一時（襄陽）城內城外殺聲震動天地，空中羽箭來去，有似飛蝗。郭靖手執長劍，在城頭督師。黃蓉站在他的身旁，眼見半片天布滿紅霞，景色瑰麗無倫，城下敵軍飛騎奔馳，猙獰的面目隱隱可見，再看郭靖時，見他挺立城頭，英風颯颯，心中不由得充滿了說不盡的愛慕眷戀之意。──《神鵰俠侶》第三十九回

開頭引用文字是小說《神鵰俠侶》中我極愛的部分，郭、黃二人的夫妻情深，在數十年守衛襄陽的壯舉中得到昇華，此中俠骨柔情、碧血丹心，令人熱淚盈眶、熱血沸騰。

蒙古攻南宋戰事最慘烈就在襄陽，歷史上的襄陽保衛戰頗有可圈可點之處，值得大書特書。

## ▋兵發襄陽

忽必烈 1264 年戰勝阿里不哥奪得大汗之位後，南下伐宋完成統一大業再次提到了議程上來。由於 1259 年蒙哥汗死於川東釣魚城之戰，因此此次「重兵圍攻荊襄」的作戰計劃逐漸清晰、明朗起來。避開多山崎嶇的川陝防區和水網密布的江淮防區，全力攻打長江中游的中原地帶城市襄陽、樊城，是忽必烈進軍的唯一目標和選擇。

忽必烈選擇襄、樊作為突破點，陸續聽取了三個人的意見。早在開慶元年（西元 1259 年），謀士杜瑛曾建議他「若控襄樊之師，委戈下流，以搗其背，大業可定矣」，可惜當時忽必烈只是親王，沒有軍事決策權。次年也就是景定元年（西元 1260 年），曾隨同旭烈兀西征、攻城略地無數的千戶長郭侃也上書說：「宋據東南，以吳越為家，其要地則荊襄而已。今日之計，當先取襄陽。既克襄陽，彼揚、廬諸城，彈丸地耳，置之勿顧，而直趨臨安，

## 中外歷史上朝代更替的秘辛
### 保衛襄陽：南宋的悲壯輓歌

疾雷不及掩耳，江淮、巴蜀不攻自平。」郭侃乃興唐名將郭子儀之後，其戰略目光可謂精準、可怕。

當然 1260 年忽必烈要和弟弟阿里不哥搶汗位，一時無暇南下。直到宋度宗咸淳三年（西元 1267 年）的 11 月，以瀘州 15 郡縣 30 萬戶百姓作為政治資本投降蒙古的南宋名將劉整，也向忽必烈獻出了自己的「亡宋之策」，即「無襄則無淮，無淮則江南唾手可下也」！同時劉整答應幫著忽必烈訓練一支不弱於南宋水軍的蒙古水軍，用以對抗敵人的最強兵種。

對於劉整的這種賣國行為，文天祥認定「亡宋賊臣，整罪居首」。現代宋史專家王曾瑜先生認為：「宋元後期戰爭的關鍵決策人物並非丞相伯顏，而是降將劉整。正是劉整使得元朝做出了重大的戰略調整⋯⋯偏安江南，維持了一百四十多年的南宋王朝也終因元朝的戰略轉變而滅亡。」

在分別聽取了謀士、千戶、降將三方意見後，忽必烈終於定下了「次年伐宋，先取襄陽，順江而下，直逼臨安」的戰事總基調，同時開始厲兵秣馬、訓練水軍、籌備糧草，為將來艱苦的攻城戰儲備戰略物資。

忽必烈此次決意一鼓作氣蕩平南宋，也是花了血本的：從 1260 年起，蒙古就在河南、河北、山東、陝西各地不斷「簽軍」，襄樊大戰前夕更是四處徵兵；同時從 1265 年開始就不斷發展水軍，先後命王仲仁、董文炳、劉整等降將擔任水軍大將，叛將劉整的「忠勇」著實「可嘉」，1270 年宋蒙襄陽鏖戰正酣時，劉整造船五千艘，練卒七萬餘，「日練水軍，雖雨不能出，亦畫地為船而習之」，堪稱「赤膽忠心」。

而在戰略物資的儲備和供應方面，蒙古一改以往「因糧於敵」的「打草谷」傳統，設立了專門的後勤供輸機構，以保障持久戰的持續進行。同時，蒙軍還重金（一條玉帶）賄賂襄陽最高軍事長官、官拜京湖制置使的呂文德，讓其同意蒙軍在襄、樊二城周邊的白河口、萬山、鹿門山等要隘開闢「榷場」，蒙軍開榷場展開交易是假，修建堡壘是真。雖然呂文德的弟弟呂文煥提醒自己的哥哥注意蒙軍的陰謀，但呂文德並不以為意，直到幾個榷場全部連接成了城牆，隔斷了襄、樊和外界的聯繫，讓襄陽、樊城成為長江（漢水）兩岸

的兩座孤城的時候，呂文德才仰天長嘆：「誤國家者，我也！」但有什麼用呢？此時悔之晚矣！

此時我們再看看宋蒙兩軍在襄陽城下的實力對比：

蒙軍方面：榷場城牆對襄、樊形成了包圍，阻斷了外界對襄、樊的糧草、軍隊支援；圍城的蒙軍最初有十萬之眾，包括騎兵、步兵、水軍、火炮部隊、攻城部隊，後續陸陸續續有新兵員加入；蒙軍就地屯田開墾，糧草供應豐富；主帥阿術是蒙古名將速不台之孫、兀良哈台之子，弓馬嫻熟，副帥劉整乃南宋叛將，精於水戰，熟悉南宋軍事格局。

宋軍方面：自從1251年高達收復襄陽後，南宋朝廷對襄陽的戰略性地位開始重視。宋理宗調撥了大量人力物力，經過十幾年的大力經營，襄陽重新成為城高池深、兵精糧足的軍事重鎮，成為宋長江中游的門戶和屏障。城內守軍約5萬人，糧草可支持5年，襄陽和樊城之間，由鐵索浮橋跨江相連互為救援。主帥呂文德戎馬多年，作戰經驗豐富，副帥呂文煥是其弟，年富力強。

1268年9月，忽必烈藉口南宋無故扣押蒙古使臣郝經8年不放，興舉國兵力南下，長達6年的襄陽攻堅戰開始了！

# 守城六載

蒙軍首先對襄、樊外圍的其他零星要隘展開攻擊，很快就占領了金剛台、清澗寨、大洪山、歸州洞、射堆崗、鬼門關等一系列關卡，隨即「連珠紮寨，圍（襄樊）數十里不得通」，進一步令襄、樊二城與外界「南北不能通」，收緊了對襄、樊的包圍圈，而襄、樊守軍對此只能望洋興嘆、力不能及。

蒙軍採取的是傳統的「圍點打援」戰術，襄陽守軍除了苦守別無他法，雖然宋理宗也不斷調配軍隊增援，但都衝不破蒙軍的包圍圈。1269年11月，蒙軍「築台漢水中，與夾江堡相應，宋軍援襄者不能進」，憂憤交加的呂文德不堪重擊，一個月後撒手歸西，將城防重任交到了李庭芝、呂文煥手上。

## 中外歷史上朝代更替的秘辛

### 保衛襄陽：南宋的悲壯輓歌

1270年2月，不甘坐以待斃的守軍出步騎一萬五千人，兵船百餘艘，水陸並進攻打蒙軍萬山堡，以此準備殺出一條通向外界的血路。但不幸的是攻打失利，宋軍潰敗退回襄陽。這一戰役標誌著襄陽守軍反擊包圍圈的企圖已經徹底失敗。

圍城繼續進行中……

襄陽不像釣魚城占據了天險地利，隨著戰事的推進，糧草開始成為守軍的難題。1271年4月，南宋殿前副都指揮使范文虎押送糧草走水路增援襄陽，在鹿門山附近為蒙軍擊敗；6月，范文虎率十萬水師馳援襄陽，被阿術、劉整的蒙古水師擊敗，喪舟數百；所幸隨著夏季水位暴漲，南宋水師趁這天賜良機，多少輸送了一些布帛、糧草、鹽米之類的戰略物資進了襄陽城，為頑強抵抗的襄陽軍民注射了一支強心針。

同年，忽必烈委派各路大將佯攻重慶、瀘州、汝州、嘉定等城，斬斷了援襄宋軍的前進步伐。與此同時，忽必烈遣使到西域諸從屬國，重金懸賞攻城利器，回民阿老瓦丁、亦思馬因揭榜應詔，帶來了當時世界上威力最大的投石機「回回炮」，這種威力巨大的攻城機器日後在攻陷襄陽的戰鬥中發揮了巨大的作用。

1272年，戰事更加險惡了。3月，蒙軍攻破樊城的外城，守軍兩千人全部戰死殉國，但剩餘守軍仍然堅守內城不降。樊城外城的失陷，標誌著襄樊戰役到了最後的決戰階段。雖然援軍將領孫虎臣、高世傑，以及民兵領袖張順、張貴分別輸送了部分戰略物資進入襄、樊二城，但此時敵我力量對比過於懸殊，沒有自身造血功能的孤城，無論如何也堅持不了多久了。

1272年9月，漢水水位新低，元軍在得到了數十架回回炮後，發起了最後的總攻。而此時的襄陽守軍主將們，李庭芝和范文虎不和，臨安小朝廷的宰相賈似道又不敢領大軍前來決戰解圍，襄、樊到了最危急的時候！

歲末，元軍猛攻樊城，阿術派兵先摧毀兩城之間的鐵索浮橋，阻止了襄陽方面的救援，在回回炮巨大的火力掩護下，元軍終於在1273年年初攻破樊城，雖然馬軍都統制牛富在城破後，依然率領七百勇士進行巷戰，但壯烈

的行為無法阻止城破的現實，牛富都統制和他的子弟兵們全部戰死殉國。為了發洩不滿情緒，元軍將樊城屠城，全城老少雞犬不留。

攻下樊城後，襄陽的陷落已經是時間問題，經過6年的圍困，守軍疲憊、糧草短缺，居民「拆屋為薪、緝麻為衣」，呂文煥「每日巡城，南望慟哭」，加上次回炮「聲震天地，所擊無不摧陷，入地七尺」，整個襄陽陷入了人心渙散、士氣低落的氛圍。

1273年2月，亦思馬因親自點火，開炮轟擊襄陽城樓東南角，巨大的石群從天而降，部分城牆瞬間塌陷，少數襄陽守將心膽俱裂、逾城出降。

忽必烈愛惜呂文煥是個人才，多次派人招降，但都被呂文煥拒絕。直到最後忽必烈答應呂文煥，只要襄陽投降，絕不屠城洩憤，不讓樊城悲劇重演，勢單力孤的呂文煥才無奈開城降敵。

長達6年的宋元襄樊保衛戰雖然最終以宋敗元勝而告終，但分析起來，無論是軍事實力，還是戰爭準備，元軍都遠遠勝出，襄陽城堅守6年才無奈降元，已經是個了不起的奇蹟。

## ▍戰爭復盤

分析元軍之勝，原因多種，主要有六點：目標明確、戰術正確、兵員充足、糧草豐富、水軍突起、西域火炮。而宋軍則很好地利用了城池堅固、儲備較豐、軍民英勇三點優勢，才能消耗忽必烈六年的光陰。南宋最終落敗，實力不濟是第一要素，其次才是將領不和、指揮不當等次要因素。而對於呂文煥的投誠，個人覺得可以理解，畢竟在那個時刻，元軍攻破襄陽城也是早晚的事，襄陽滿城百姓生死，盡在呂文煥一念之間，他也十分為難。

據說忽必烈進城召見呂文煥時，呂文煥匍匐在地，渾身顫抖，但忽必烈還是溫言寬慰有加，由此獲得了呂文煥死心塌地的效命。呂文德、呂文煥兄弟在南宋軍界有著龐大的勢力範圍，呂文福是堂弟，呂師夔、呂師孟是侄子，范文虎是女婿，夏貴、孫虎臣是門生，這些人都是南宋重要的軍政大員，掌

## 中外歷史上朝代更替的秘辛
### 保衛襄陽：南宋的悲壯輓歌

管著各地城池的軍政要務。隨著呂文煥的投降，這些人紛紛投降元軍，直接加速了南宋的滅亡。

襄陽易手後，宋元兩國實力對比更加懸殊，忽必烈十分得意，「赫然有掃清六合、混一車書之意」，而宋度宗趙禥則下詔書說「軍民離散、痛徹朕心」，兩位皇帝一悲一喜的強烈對比反差，真真教人感慨萬千！

南宋失去了襄陽這個最北端的帝國門戶後，只能龜縮挨打。而忽必烈在接下來的三年裡，先滅鄂州，瓦解了南宋荊襄防區；隨後兩國水軍決戰銅陵丁家洲，蒙古水師再破南宋水師；元軍馬不停蹄沿江而下，在鎮江焦山大破宋軍後，三路大軍陸續兵臨臨安城下，太皇太后謝道清發榜號召各地義軍勤王，但收效不大，無奈抱著5歲的小皇帝宋恭宗奉表出降，元軍遂進占臨安，南宋滅亡。

雖然殘宋隨後還有三年的崖山流亡政權歲月，但其實已經於事無補，用《封神榜》的話來說，就是「氣數已盡」。

歷史上的呂文德、呂文煥兄弟雖然狂傲不羈、貪婪嗜殺，但在鎮守襄陽的這幾年裡，也算是盡心盡力，尤其是呂文煥，比其兄更為用心盡責，絕不是《射鵰英雄傳》和《神鵰俠侶》小說中描述的顢頇無能、貪生怕死的形象。襄陽之失，呂氏兄弟也算是竭盡全力，只是無法阻擋歷史車輪的滾滾前進。但呂文煥在降元後，為了向新主子邀功請賞，不惜帶路賣國的行徑，則是不折不扣的「漢奸」行為，永遠遭到後人的唾棄和鄙視。

而小說《神鵰俠侶》塑造的虛擬人物郭靖、黃蓉，乃至他們的子女郭芙、耶律齊、郭破虜，全部與城共存亡，捐軀沙場，這種熱愛祖國大好河山、維護人民生命安危、保護中原優秀的文化藝術遺產的精神，這種「明知不可為而為之」的不懼危險、勇於奮進的戰鬥豪情，這種抗敵禦侮、保家衛國的志向和勇氣，氣壯山河，青史留名，永遠值得我們後人景仰和效仿！

為國為民，俠之大者！縱死俠骨香，不慚世上英！

# 十八路反王：造反派的隱祕圈子與往事

文／十二叔

西元 605 年正月，是為大業元年。半年前，隋文帝楊堅病故，次子楊廣即位，他就是史上鼎鼎大名的隋煬帝是也。「大業」兩個字飽含了初登大寶的楊廣想要開創一番大功業的決心。可惜天不遂人願，僅僅過了十三個年頭，開科舉、通西域、征高麗、修運河的楊廣就被各路反王和門閥大族聯手幹掉了。

按道理說，平民起義軍和高門大族是兩派完全對立的力量才對，但是在隋煬帝時期，這兩個對立的圈子卻很有默契地一致反隋。不同的是，義軍在明，門閥在暗。等到大隋氣數已盡的時候，以李淵為首的關隴貴族才站出來收拾爛攤子，從各路反王手中「接」過來一個較為完整的江山。

隋亂唐立，歸根結底，還是寒門與豪門兩個圈子之間較量的結果。

## ▍草寇們的造反根據地：瓦崗

### 越獄、潛逃、造反三部曲

「隋末英雄起四方，其中單數瓦崗強。咬金大斧秦瓊鐧，打得瓦崗不姓楊。」

隋末，煬帝楊廣失政，各地義軍層出不窮。尤其是當楊廣不顧勸阻，接二連三地舉全國兵力遠征高麗，造成百萬民夫、官兵因時疫、勞累、饑寒而大面積死亡的時候，造反的聲音更是一浪高過一浪。其中有人是因為連年的饑荒和戰爭真的混不上一口飯吃，不得不反；也有不少人蓄謀已久，趁亂起兵，圖謀楊隋的江山。

事實證明，第一種因生活所迫落草為寇的造反者大都不是真正的造反，遇上大軍圍剿或者朝廷寬宥，立刻土崩瓦解，煙消雲散；第二種蓄謀造反、

## 中外歷史上朝代更替的秘辛
### 十八路反王：造反派的隱祕圈子與往事

趁亂取利的人就不一樣了，他們有野心、有實力，再加上楊廣的不得人心，很有可能霸業得逞，過一過黃袍加身的皇帝癮。不過第二種造反者也分兩種情況，有因為國仇家恨對隋朝恨之入骨的前朝遺民，也有早就生出不臣之心的隋朝權貴。所以說，隋末的反王和煙塵幾乎就是因後面這兩個圈子之間的較量而誕生的。

瓦崗軍可以說是全國眾多義軍當中最負盛名的一支。戰鬥力強是一方面，擁有數十位名震後世的大英雄大豪傑也是瓦崗最成氣候的原因之一。

自大業七年（西元611年）翟讓揭竿而起開始，中原大地逐漸形成了以瓦崗寨為中心的人才圈，會集了當時形形色色的英雄。寨中諸位好漢，有畏罪逃亡的朝廷欽犯，有為搏功名的青年才俊，有武功高強的當世豪傑，當然也少不了不學無術的無賴少年。他們之間的關係也是錯綜複雜，有朋友，有老鄉，有對頭也有知己，瞭解了瓦崗諸人，也就瞭解了隋末「反賊」大致是什麼模樣。

瓦崗軍的龍頭老大是翟讓，歷史課本上白紙黑字的「隋末農民起義領袖」。這個人能從無到有地開創一支義軍隊伍，絕對不簡單。他是河南滑縣人，有武功也有膽略，曾經很幸運地成為隋朝官吏的一員。隋朝之前幾百年一直推行的是「九品中正制」，不管是官還是吏，都只能從門閥士族的小圈子當中挑選，平民百姓是很少有機會進入這個叫「國家機器」的特殊機構的。

也是楊堅有想法，不希望看到自己只能做名義上的皇帝，實權卻被層層的大小門閥瓜分殆盡，所以他們開科舉，給下層圈子的人打開了一條通向上流社會的小門縫，翟讓應該就是擠進這條門縫的幸運兒之一。

可是沒有人會保證進了衙門就能當上高官，翟讓在隋朝的官職是一名法曹，這個職位放在整個官僚系統中極不起眼，甚至都稱不上「官」，只能叫「吏」。可是放到普通百姓身上，能當一個法曹就相當了不起了。

「法曹」是縣級官員，主抓一縣的司法和緝盜的工作，放到現在應該是縣公安局長兼司法局長，屬於國家暴力執法機構的工作人員。怪不得他後來

造反，瓦崗寨的聲勢能遠超其他農民軍或者盲流幫派，原來是因為有前執法人員領導大家與以前的隊友鬥智鬥勇，其存活率、成功率當然會大大提高。

小有能耐的翟讓並不是胸懷天下的猛人，他的理想是小富即安，能在官府裡按部就班平安退休的話，這輩子就算沒白活。沒想到自己一不小心得罪了上官，就被打進了死牢，翟讓這才意識到法曹也不是鐵飯碗，自己的小命在統治者看來如螻蟻一般低賤。

也是翟讓運氣好，他所在牢房的「獄警」竟然是自己的粉絲。那個叫黃君漢的獄吏做出了一個足以影響歷史進程的決定——放跑翟讓，成全了一支規模浩大的起義軍的首任執行官。

在歷史進程當中，獨具慧眼放跑翟讓的獄吏黃君漢也不是簡單的打醬油的角色，他人生的傳奇性絲毫不亞於開創瓦崗基業的龍頭老大翟讓，他的故事我們會在後文中提到。

逃出生天之後的翟讓深知只要大隋朝存在一天，自己的戴罪之身都是見不得光的存在。於是他悄悄回家叫上自己哥哥翟弘、侄子翟摩侯和朋友王儒信一起來到離家不遠的瓦崗寨，豎起了反隋的大旗。從瓦崗軍的成員主要是貧農和漁獵手可看出瓦崗並不是我們想像中的茫茫群山，而是像後世著名的水泊梁山一樣，是一片山水縱橫之地，地形複雜，易於藏身。

做過法曹的翟讓在家鄉一帶還是很有號召力的。他剛上山不久，一個叫單雄信的猛人就帶著不少的小弟前來投奔了。

單雄信外號「赤髮靈官」，一頭飛揚的紅髮、一桿出神入化的馬槊是他的招牌。這個人出身武將世家，祖父和父親都曾擔任北周的實權高官，擁有山東東昌府這塊地盤。朝代更迭，大隋取代了北周，東昌府也不再姓單，將門之後的單雄信只好搬家，來到了翟讓曾經風光過的東郡。單雄信二十多歲的時候就是「九省五路綠林英雄都頭領」，聽聽這個響噹噹的名號，就知道這個人絕對是官府極為重視的危險分子。

曾經的法曹和綠林好漢的頭領之間肯定發生過很多不為人知的故事。從單雄信帶著手下的小弟們上山投奔翟讓的事情來看，這兩個人當時的關係處

得還不錯。也許是翟讓下台後換了新的法曹對單雄信不夠尊重，才讓老單怒而上山的；也許是單雄信過夠了在小地方稱霸的日子，也想趁隋亂之際有一番作為，就想跟著翟讓大幹一場，沒準能混個比祖輩、父輩更好的身家。

翟讓因為個人的仇恨而豎起反旗，單雄信追求另類光宗耀祖的方式而率眾投奔。兩個各懷野心的人因為共同的利益而暫時結合了。翟讓很高興地接收了單雄信帶來的人馬，可是幾百人馬的吃喝用度成為一大難題。原先只想到「替天行道」「快意恩仇」了，卻忽略了英雄好漢也和普通人一樣，都得解決了溫飽問題才能做大事。

「義氣」讓原本散落在各地的草莽之人聚集到一起。但是「義氣」畢竟是虛的，亂世之中的義氣尤其不靠譜，遠沒有糧草、兵馬、鎧甲等實實在在的東西更能讓人看到前途。於是，每一個有遠大理想的造反頭子在用義氣感召了一部分小弟之後，就開始謀劃長遠的利益。他們知道，只有利益才是穩定人心、凝聚力量的終極武器。

對於一大群沒唸過幾本書、沒有從事過正當職業的大老爺們來說，利益從何而來？「搶」是最好的出路。既然大家聚到一起是打著「替天行道」的旗號，那麼搶劫老百姓的東西就砸了自己的名聲。再說了，平民百姓的那點財產他們也看不上眼，要劫就劫富戶。

這時候，另一個東郡名人徐世績上山了。徐世績就是隋唐演義中「大智近乎妖」的常勝軍師徐懋功。很多演義小說中都把徐世績塑造成一個能掐會算的神棍形象，好像沒有白髮和皺紋顯示不出他的智慧一樣。其實這位仁兄上山的時候只是十七歲的少年，是富裕人家出來的公子哥。他主動上山的目的很值得推敲，肯定不是吃了官司，也不是窮得揭不開鍋。最有可能的原因是他聽說了翟讓要帶領兒郎們下山「吃大戶」了，而自己家族豪富，肯定是最早被衝擊的對象。與其等著家財被打劫，不如上來給這些粗人們指一條明路。另外，徐世績自幼飽讀詩書，兵法策論都瞭然於胸，年輕人渴望建功立業的思想也促使他想找一個合適的機會練練治國平天下的本事。各地義軍風起，還是瓦崗寨離家最近，於是徐世績本著就近的原則上山了。

他對翟讓說：「老大，雖然咱們在自己家鄉拉起大旗，但是鄉里鄉親的，侵擾他們於咱們義軍的名聲有損。不如派兵到宋州和鄭州那邊的河道上做生意去，那邊商旅眾多，咱們劫富濟貧就沒有人說什麼了。」翟讓一聽，大讚此計甚妙。從此，年輕的徐世勣成為翟讓的第一智囊。至於單雄信這樣的赳赳武夫則是瓦崗的對外形象，意在告訴官軍和其他義軍，俺們瓦崗不是好欺負的。

早期的瓦崗義軍們沒有脫離翟讓的個人交際圈，所到的諸位好漢不是親戚就是朋友，再不然就是親戚的親戚，朋友的朋友。大家因為彼此熟識而走到一起，因為互相知根知底而互相幫扶，在成功打了幾次隋王朝的圍剿之後，逐漸打出了瓦崗軍的威名。

隨著上瓦崗山的人越來越多，前期依靠翟讓個人威望來管理眾人的方式已經不再適應瓦崗山的現狀了。這個狀況好比今天的民營企業，創業初期可以依靠創業者的人格魅力來維持管理，但是發展到一定規模就必須要有相應的制度和規則頒布，否則就會陷入管理混亂中。大業十二年（西元 616 年），瓦崗寨就出現了一次大規模的內訌，魏公李密趁機做掉了翟讓，成為瓦崗新的龍頭。

貴族出身的李密和小官吏出身的翟讓有一個共同點就是都坐過隋朝的監獄，而且都越獄成功了。對方這一段不太光彩的經歷他們都心知肚明，雖不點破，心裡卻有點惺惺相惜的意思。

隋朝的司法機構不是形同虛設，兩個人能夠順利出逃，是他們各顯神通的結果。一個是因為人品爆發，被「粉絲」所放；另一個是靠不斷賄賂上官，讓對方放鬆了警惕，才有了逃跑的機會。這樣兩個人才碰到一起，不做點驚天動地的事情出來，都對不起他們難得的再生機會。

李密的曾祖父在西魏的時候曾任上柱國將軍，祖父也是北周的柱國將軍。「上柱國」即國之棟梁，回頭看看西魏的八柱國，了不得，簡直就是培養造反人才的搖籃啊。宇文泰的兒子宇文覺推翻西魏建立北周，並追認父親宇文泰為太祖文皇帝；李虎，其子李昞雖然英年早逝，但孫子李淵爭氣，建立了中國歷史上最為輝煌的大唐；李弼，其曾孫李密率領瓦崗軍南征北戰，差一

## 中外歷史上朝代更替的秘辛
### 十八路反王：造反派的隱祕圈子與往事

點就推翻隋朝的統治，是最有資格與李淵爭搶皇位的義軍首領；獨孤信，這位史上著名的美男子生了三個做皇后的女兒，其中一個女婿就是隋朝的開國皇帝楊堅……

從西魏到北周再到隋、唐，看似朝代更替，其實還是這些貴族後裔之間擊鼓傳花的遊戲而已。

單說李密，雖然祖上風光無限，但是傳到他這一代的時候，家道已然中落。他並沒有被朝廷重用，只是承襲了一個「蒲山公」的虛名，做了隋煬帝身邊的一個侍從武官而已。

據說煬帝一次無意間看到自己的侍從隊伍中有一個人長著一雙「奸狡」的眼睛，心生惱怒，就叫人把那個侍從趕了出去。因為一雙異於常人的眼睛而失業，李密既冤枉又憋屈。回到家之後，他就對外宣稱「因病自免官」，轉而「閉戶讀書」，等待崛起的機會。

對於古代身處亂世的讀書人來說，出路並不太多。有經世之志的人會出來做官，實現自己「修身齊家治國」的夢想；好黃老之道的人會找個山清水秀的地方結廬而居，可能是真心歸隱，也有可能把歸隱當作終南捷徑，以求用特殊的方式出仕；再有就是造反了，他們不用衝鋒陷陣，只是給一幫造反的粗人們出謀劃策就行，一旦造反成功，少不了一個宰相的位子。

當然，後一種選擇的風險太大，不是亂世的話沒有人會冒這個險。

李密是胸有大志的人，歸隱對他來說是不可能的事情。在隋朝做大官的夢想也因為隋煬帝的以貌取人破滅了，剩下的只有拉桿子造反一條路能幫助他實現不甘平庸的人生追求。

李密的異心究竟何時而起不好猜測，但是當他無緣無故就被楊廣趕出宮門的時候，內心必定是怨念叢生的。他與楊素、楊玄感父子素有交情，曾輔佐楊玄感起兵。楊玄感兵敗之後，他又輾轉到山東義軍蜂起的地方，妄圖憑自己的三寸之舌，說服那些大老粗們為己所用。

可能是李密太高估自己了，他的風度和霸氣非但沒能讓自己融進山東大大小小的造反圈子，反倒被那些人肆意嘲弄。不是說「失敗是成功的母親」

嗎，李密就是在數次失敗之後敲開了成功的大門，被翟讓的瓦崗軍接受了，繼而取代翟讓成為天下第一義軍的龍頭老大，有了逐鹿天下的資本。

先說說李密最早融入的楊氏貴族圈子吧。楊素父子都不是省油的燈，尤其是楊素作為大隋第一權臣，因為功高震主受到楊廣的猜忌，心中的鬱悶也是可想而知的。李密怎會不知道這一點呢？他與楊玄感走得近，就是想透過楊家的財力和楊素生前的威望來達到自己的目的。

楊玄感沒有其父的大智慧，看不出李密有什麼特別的地方。但是父親楊素卻對他說：「李密比你小子強多了，事業上多聽聽他的見解有好處。」後來楊玄感在楊家漸受冷落之後起兵造反，李密就是他的高級參謀長。可惜的是楊玄感自身能力不足，起兵很快就失敗了，連累了楊家滿門抄斬，連死了的老父親也被楊廣從棺材中請出來。

作為楊玄感造反的幫兇，李密被效率很高的隋朝官府抓捕歸案了。在押解洛陽的途中，李密策劃了一場「虎口脫險」的精彩好戲，還沒進入真正的監獄，就「越獄潛逃」了。此後通緝犯李密再也沒有貴族的身分做遮掩，只能隱姓埋名在造反圈子裡混了。他一邊逃亡，一邊物色值得自己委身的義軍隊伍。

李密逃亡途中，拜會的第一個山頭是山東平原郡的一支隊伍，大頭領叫郝孝德。此人造反的時間比較早，手底下有數萬人馬，對隻身前來的李密根本不感興趣。後世的林沖上山的時候拿著柴進的介紹信都不管用，由此可見，上山入夥也不是一件簡單的事情。

翟讓當初是在家鄉自立門戶，應者雲集。前來投奔的單雄信和徐世勣一個是舊識，一個是老鄉，一個有人，一個有錢，所以大受歡迎。像李密這樣單身上路的通緝犯又沒有什麼資源，想得到綠林好漢的認可比較難。

第一家山門碰壁之後，李密又來到了長白王薄的地盤。此長白不是遙遠的東北的長白山，而屬於山東省的地界。此山因為山勢陡峭，常年白雲繚繞，得名長白山。因為楊廣徵高麗不得人心，王薄和同郡的孟讓就在長白山上拉起了兩股力量，成為最早反隋的義軍。王薄屬於知識型的流氓，他自稱知世

郎，憑藉一首自己作詞作曲的《無向遼東浪死歌》拉起當時第一支反隋的隊伍。

李密本以為王薄會看在同為知識分子的份兒上收留他，卻忘了「文人相輕」的古訓。既然你李密以智謀著稱，你來了不是搶我的飯碗嗎？王薄沒和郝孝德通氣，就做出了同樣的「送客」的動作。

遭遇「處處不留爺」的李密非常痛苦，甚至過了一段吃樹皮充饑的日子。後來他乾脆放棄了主動尋找義軍入夥的計劃，躲到南方一個農村當教書先生去了。也怪他的知識水準太高了，就像一個大學教授來教幼兒園，很快人們就發現他不對勁。尤其是喝點小酒之後，他還題了一首明志的「反詩」，很快就被有心人告發了。當官府派人前來察看他是否是通緝犯的時候，李密再一次逃跑了。

這一次李密跑到了河南，瞭解了翟讓的瓦崗軍。他在瓦崗附近糊弄了不少中小型的義軍隊伍，其中不少人都很佩服李密，甚至猜測童謠中傳唱的「楊氏將亡，李氏當立」就是在說李密會是下一個真命天子。沒辦法，誰讓咱們世代務農，祖祖輩輩都是泥腿子，而人家李密的祖上卻當過大官呢？

雖然義軍們起兵的原因各不相同，但想透過這樣一種激烈的方式來改變自己的生存地位應該是不爭的事實。他們也聽說過「王侯將相寧有種乎」的言論，但骨子裡還是迷信貴人得天下的說法。程咬金不是在家鄉搞了個團練之類的微型武裝集團嗎，估計就是這個時候，被李密糊弄到瓦崗來的。程咬金、秦瓊等猛將都曾擔任過李密的個人保鏢團的首領。

## 既生密，何生讓？

有了小股義軍支持的李密不再狼狽了，他決定上瓦崗會一會與自己一樣有著被隋王朝通緝經歷的翟讓。翟讓手下武有單雄信，文有徐世績，兵強馬壯，生財有道，短時間內成為李密的理想僱主。

手中有了小股力量的李密相當於擁有了一份上山的「投名狀」，既給了翟讓面子，同時又為自己蒐羅了不少嫡系的力量。當時還沒有被翟讓接納的

李密肯定沒有取而代之的野心，但是野心這東西就像野草一樣，只要給它合適的養料，就會落地生根，繼而瘋長。

雙方會談結束後，李密得出一個既失望又興奮的結論：自己高看翟讓了。翟讓的胸無大志和小富即安讓他倍感失望。可是轉念一想，翟讓目光短淺不正是自己的好機會嗎？於是李密有意討好翟讓，在瓦崗寨竭力表現自己的能力和忠心，終於換來了翟讓的絕對信任。

說是「絕對信任」也許不太恰當，誰會喜歡一個處處超越自己的人呢？除非那個人是自己的兒子，可以美其名曰「青出於藍而勝於藍」，至於其他關係的，免談。尤其是下屬表現得比老闆還要聰明的時候，就是倒霉的日子來了。果然，瓦崗內部很快就分裂成了兩派，原有人馬是翟讓的忠實擁躉，而後來上山的人大都佩服能力超群的李密。

論見識、政治鬥爭的經驗、指揮作戰的本領，李密都比一直在農民軍中打轉的翟讓和商業世家出身的徐世績要高明。很快他顯示出自己的才幹，坐上瓦崗軍的第二把交椅。有了這一步做鋪墊，李密繼而又萌生了取翟讓而代之的野心。這個情況和後世的梁山頗為相似，晁蓋厲害就能取代白衣秀士王倫，宋江技高一籌就能取晁天王而代之。

李密的武力值並不差，但是在瓦崗那麼多超一流武將面前，李密的武功如何並不重要，重要的是他的謀略總能與眾不同。在李密上山之後一系列的獻計獻策之後，瓦崗軍的實力進一步暴長，隱然有了凌駕於各路義軍之上的氣候。本來只是因為自身遭遇而對隋朝痛恨無比的翟老大也在李密的攛掇下，滋養了問鼎稱帝的野心。

瓦崗軍大敗隋朝柱國張須陀一役，徹底奠定了李密的江湖地位。張須陀是什麼人？此人是隋朝一員猛將，平亂剿匪的「專業戶」，隋亂時期的「救火隊員」。多少「賊寇」聽到張須陀的威名都會聞風喪膽。王薄、孟讓等人就沒少在張須舵手下吃虧，山東境內的其他義軍也都將張須陀視為第一大患。李密加入瓦崗軍之前，翟讓也曾多次敗在張須舵手下，對老張的軍隊畏懼至極。

當翟讓聽說張須陀再次攻打瓦崗的時候，他像往日一樣激動地要棄城而逃（當時瓦崗已經攻下幾座小城池了）。徐世績苦苦說服翟讓迎戰，李密則制定了具體的戰略方案。

結果，瓦崗軍大敗隋軍，拿下滎陽，威震天下，一時間所有的義軍都向瓦崗寨行注目禮，希望有朝一日能取得同樣的成就。而李密立下大功，在瓦崗軍中的威望與日俱增，幾乎能夠與龍頭翟讓比肩了。

「一山不容二虎」，翟讓心中有沒有芥蒂不好說，早早追隨他的那些人坐不住了。李密這邊同樣如此，他有野心，但憋著不說，他身邊的人早就按捺不住，起了殺翟讓奪權的心思。

最初翟讓因為戴罪之身落草為寇的時候，肯定沒有人羨慕他的處境。而今經過幾年的奮鬥，瓦崗軍打下了大大的基業，甚至有了與隋煬帝一爭高下的機會，瓦崗老大的地位就有很多人眼紅了。

如果說最初聚集在翟讓身邊的圈子還是因為「講義氣」加上一個遙不可及的「共同富裕」的奮鬥目標的話，而今凝聚這個圈子的動力早就面目全非了。江湖漢子之間拍著胸膛跟你嚷嚷哥們義氣三分真七分假，真正能讓人家為你賣命的還是看你出得起什麼價位的「賣命錢」。

大敗張須陀之後，瓦崗軍形勢大好，李密建議乘勝攻下洛口倉，一來占據洛陽門戶這個重要的戰略位置，另一方面開倉賑濟遭遇黃河水患的難民們，收買人心。翟讓看到李密逐漸坐大，略微有些養虎為患的擔心。但是出於公信力的必要，他還是大方地批准李密建立自己直接領導的武裝「蒲山公營」，還任命李密為魏公，置魏公府和行軍元帥府。

瓦崗軍破隋的進度很快，眼看著東都洛陽就要收入囊中。與此同時，李密與翟讓之間瓦崗新舊勢力的交鋒愈加明顯。這一矛盾既可以說是因為翟李兩個人爭權奪利而起，也可以看作是以翟讓為首的農民軍將領和以李密為首的世家子之間誰占上風的較量。

事情很簡單，原本瓦崗寨雖然發展不是很快，但是上下一心，都認翟讓這個大哥。而後李密一個很強勢的外人來了，來了之後就把原本屬於翟讓的

小弟變成了自己的小弟。這樣翟讓就不樂意了，說話辦事會有意無意地疏遠李密，而李密就先下手為強，直接在一場「鴻門宴」上，把翟讓連同他身邊的幾個心腹一起殺掉。

翟讓一死，瓦崗就完全落到了李密手中，瓦崗諸將不管真情假意，暫時也都歸順了蒲山公。徐世績也是其中之一，但他在「鴻門宴」混戰中受了傷，對李密產生了不滿，這種不滿的情緒為以後徐世績投唐埋下了伏筆。

表面上看，瓦崗內訌，李密占到了上風，將原本分散的軍心又收攏到一起。實際上，這種很不義氣的「鴻門宴」給其他居心叵測的將領樹立了反面教材，瓦崗軍因為將卒離心，反倒削弱了自身的力量。

魏徵和徐世績應該算是李密身邊的謀臣圈子了，可惜的是李密不知道珍惜，將這兩個經世之才留給了李世民，開創了屬於另一個李姓的貞觀之治。

魏徵的祖上在北齊的時候還算說得過去，可是經歷幾次三番的改朝換代之後，曾經的望族早就雨打風吹去了。他當過道士，投靠過反隋的軍官元寶藏，之後又上瓦崗，做了李密手下的一名元帥府文學參軍。掌管文書這種工作可大可小，可以大到影響主公的決策，也可以小到僅僅是一個抄抄寫寫的木偶而已。顯然魏徵在瓦崗就沒有發揮自己才智的空間，否則瓦崗很可能會有不一樣的結局。

當魏徵跟隨李密降唐之後，他才迎來了自己生命當中的春天。在李世民麾下，魏徵才算進對了圈子，實現了自己的人生大業。

像王伯當、秦叔寶、程咬金這些赫赫有名的武將們都先後被拉攏到李密身邊，但結局卻是天壤之別。秦叔寶、程咬金等人確實是「識時務」的「俊傑」，並沒有死忠某一個人，所以他們能成為李世民的「凌煙閣二十四功臣」，能夠「馬上封侯」。別看他們在評書裡都是義薄雲天的英雄好漢，實際上人家的身分一直在變換，都曾是隋將，後歸瓦崗，降過王世充，又歸順李唐，一直在不斷地選擇最有利於自己前途的「明主」。

亂世之中，所謂的「明主」很簡單，就是誰能提供更加長久、穩定的利益而已。「棄暗投明」很多時候看起來是一種出於正義的選擇，實際上也是出於維護自身利益的選擇。

神箭手王伯當與程咬金等人相比，就單純多了。他入瓦崗之後一直忠心追隨李密，陪他出生入死。李密在殺翟讓、投唐又反唐這些關鍵的時刻，都因為王伯當的拚命保護才得以倖存。不管李密這個人是英雄還是梟雄，王伯當都是天地可鑑的好漢一個。他用生命詮釋了亂世之中什麼叫「忠」，什麼叫「義」。

有人說王伯當是李密的學生，所以他才會對李密忠心耿耿。這個說法是否可靠，姑且不論。在權、利、名、財至上的亂世，難得有王伯當這樣一個當之無愧的、貼上「忠義」標籤的好漢。李密也因為有了王伯當這樣的死士相隨，才讓他坎坷的一生多了幾分厚重。

試想，如果一個縱橫亂世的梟雄身邊都是朝秦暮楚的小人，沒有一個可以生死相托的戰友，這種梟雄的個人魅力是很讓人懷疑的。

# 那個「王」興「王」滅的亂世

## 善待文人也是罪

河北竇建德在隋末十八路反王中，應該算是名聲最好、道德缺陷最少的一位。他起兵是因為自己一家老小全被官兵所殺，身負血海深仇。

開始，竇建德的目的很簡單，就是為家人報仇。可是隨著歸順到他手下的人越來越多，竇建德也逐漸生出逐鹿天下的野心。爭霸這種事在他當農民的時候肯定沒有想像過，但是竇建德的人品實在是太好了，總有人主動把隊伍送上門來供他驅使。

竇建德曾經資助過的同鄉孫安祖曾經與人火拚，失敗之後，孫將隊伍交給他打理；竇建德曾經投靠過的高士達被隋將楊義臣打敗之後，殘部自發歸順於他；自稱「齊王」的山東反賊張金稱因輕敵敗於隋軍，幾萬部眾被打得七零八落，殘部也仿效山東地區其他群龍無首的組織，找到竇建德，非要效

忠不可。有了數次不請自來的部隊擴充，竇建德的力量想不壯大都難。這些農民軍在失其將領之後，主動投靠竇建德，足見此人的政治工作相當成功，名聲在民間大大的好。

其實，竇建德在造反之前就很重視口碑這個問題，竇家莊周圍十里八鄉的村民們，沒有人不知道他的大名。因好名聲受到盜匪的尊重，因好名聲被官府懷疑導致家破人亡，因好名聲聚起十萬之眾，因好名聲成全了一個農民做皇帝的夢想，竇建德後半生的悲喜好像都源於此。

竇建德是貝州漳南人，世代在今天衡水故城一代務農。他們老竇家幾輩子都是勤懇持家的農民，到他這一代的時候，家境還算殷實。小有積蓄的竇建德是典型的仗義之人，為人輕財重諾，喜歡廣交朋友。

關於竇建德的急公好義，有一個小段子廣為流傳。那是建德年輕的時候，正在田地中趕著耕牛犁地的他，聽說同村一家死了父親但是無錢下葬，竇建德隨手把自家的耕牛解轡，送到那戶人家，讓他們賣牛發喪。一頭耕牛為竇建德贏來了十里八鄉的讚譽之聲，同鄉的後生們都以認識竇建德為榮。

後來竇建德的父親去世，前來送葬的人多達千餘人。死者已逝，龐大的送葬隊伍都是衝著竇建德的面子來的，甚至其中很多生面孔都是慕建德之名而來，本家並不認識。這一次葬禮收到了不少的金銀財帛，這些禮金對於莊戶人家來說是一筆不小的收入。可是竇建德毫不動心，讓朋友們幫忙一一物歸原主。這件事讓大家更加佩服他，知道這個人不是見利忘義之輩。

大業七年（西元 611 年），隋煬帝派人到河北招募軍隊準備北伐，竇建德因名聲在外，被推舉為二百人長。新兵竇建德剛入伍就能管轄二百來位弟兄，他覺得當兵的日子還算不錯。竇建德要上前線之前，發生了一件事情，影響了他對未來的判斷。

當時，他的一個叫孫安祖的朋友因為偷了人家一隻羊而被縣令抓去挨了一頓板子，然後放了出來。偷偷摸摸本來就不是什麼好事，即便縣令不打他，被丟羊的人家抓住了也難逃一頓毒打，認了就是了，怪就怪自己手腳不乾淨。可是孫安祖不這麼想，他覺得縣令對自己太苛刻了，一怒之下就把縣令殺了。

孫安祖殺了朝廷命官後也知道大事不好，就逃到了竇建德家。人們不是都說竇建德急公好義，有古之朱家、劇孟之風嗎，那麼他敢不敢收留眼前這個送上門的刑事犯呢？孫安祖也沒想到竇建德真仗義，收留自己不說，還給自己指了一條明路，告訴他去附近的高雞泊落草。

隋朝時期的高雞泊應該和後世的水泊梁山具有同樣的江湖地位，是所有與官府為敵的猛人們的落腳點。光桿司令落草為寇也沒多大意思，竇建德還幫忙召集了一些逃兵和流民，歸到了孫安祖的統治下。表面上看，孫安祖成了高雞泊的大頭領，可竇建德從頭到尾都參與進來了，誰能說這不是他為自己留的一條後路呢？

當時漳南一帶盜賊頗多，但這些盜賊們像是商量好了一樣，都對竇建德的家比較照顧。不管他們怎樣燒殺搶掠，竇建德家都安然無恙。盜賊們覺得這樣做是給竇建德面子，殊不知這等於告訴官府竇建德和盜匪是一夥的。

官府很快就找上門來，把竇建德的家給抄了，雖然財物沒有撈到多少，但是竇氏一門大大小小的族人都成了冤死的鬼魂。竇建德聽到這個消息，就帶著手下的二百多人叛逃出了軍營，投奔高士達的義軍而去。

因為竇建德在江湖中的名望極高，高士達不敢怠慢，當場就給了他一個「司兵」的實權位置。後來偷羊的孫安祖和山東張金稱的隊伍火拼，孫安祖兵敗被殺，他的部眾們都來依附竇建德。巧合的是，幾年之後，發展到數萬人規模的張金稱在一場與隋軍的較量中大敗，他的餘部也都主動來找竇建德，請求他的收留。

由此可見，一個好名聲對於黑白兩道的人來說都是極為重要的資本。尤其是亂世之中，官府都不可信的情況下，普通的士兵們能相信的就是「好人」。極短的時間內，竇建德的部隊就發展到了十萬之眾，在山東聊城一帶威望極高。

竇建德起兵的時候，已經是近四十歲的年紀了，他的謀略和見識遠非一般毛頭小子可比。618年，李淵稱帝，改年號為武德元年。但是大唐的江山並不穩固，還有眾多比他起兵還早的隊伍對花花江山虎視眈眈。

這一年正月，竇建德就聯絡上朱粲、孟海公、徐圓朗等眾多反王一起派出了使者到瓦崗山找李密，請他先稱帝。倒不是竇建德他們不想稱帝，實在是就他們這個圈子來說，李密的瓦崗軍實力是最強的。

何況這些猛人們誰不知道「槍打出頭鳥」的道理，先把李密推出來做靶子，自己也好趁機鬆口氣啊。誰知道李密根本不領這份情，直接以時機不成熟為由推辭了這件事。

李密被眾人算計了一回，也不打聲招呼，就開始了反擊。他隨即派出慰問團到處露臉，義正辭嚴地宣揚隋煬帝誤國、瓦崗救世的言論，連同行的地盤都敢去。竇建德他們知道李密這是收攏人心然後各個擊破，乾脆撕破臉，也紛紛自立為王，不再搞虛情假意那一套把戲。

除了講義氣，竇建德還有一個好習慣就是不殺讀書人。當時讀得起書的人，家道都不會太落魄。而其他義軍造反，殺了不少不識時務的讀書人。竇建德眼光長遠，知道讀書人的支持與否，於自己的大業十分重要。得罪了讀書人，等於在輿論上先輸了一陣。

所以他的部下抓住讀書人之後不但不殺，還好吃好喝好招待，感動得天下書生們眼淚嘩嘩的。有人乾脆就不走了，直接投身到竇建德的革命隊伍當中，做了文書或者幕僚一類的文職工作。

因為有了善待讀書人的名聲，竇建德的招兵工作一直都進行得比較順利。造反這項大事業，人才就是根本。攻伐搶掠的時候，什麼素質的人都可以招募進來，一旦真的發展到了自立為王的地步，沒有讀書人，怎麼撐得起一套團隊的編制，怎能讓自己的王國有序運轉？

還記得瓦崗軍師徐世績和文學參軍魏徵嗎？這兩個人從瓦崗出來之後，歸唐之前還都與竇建德有過一段上下級關係。竇建德仰慕兩個人的才華，當然希望他們能輔佐自己成就霸業，但是這兩個人像是商量好了一樣，都不看好竇建德，誰都沒有好好留在竇建德的軍隊中賣力。否則的話，有了這兩位人才，也許李唐的江山得來的會更曲折一些。

竇建德重視名聲，從他自己給自己找祖宗這件事情上也能看出點端倪。他們一個村的人都知道竇建德家世代務農，沒出過什麼大人物。可是竇建德長大了、有出息了就想著非給自己找一個風光的祖宗不可。可惜離他較近的姓竇的名人不多，竇建德乾脆把目光放到了500年前，認了大漢朝竇太后（竇漪房）的老爸安成侯竇充成了自己的先人。說起來，竇漪房老家是現在河北武邑縣，離竇建德的老家並不遠，這樣認親的話，還不是那麼太離譜。

說到收買人心，竇建德其實一直做得都不錯。他講義氣、重視讀書人，都為自己的隊伍迅速壯大提供了幫助。有了爭霸天下的野心和實力之後，竇建德的政治秀表現得越來越成熟了。楊廣不是死在奸臣宇文化及的手裡嗎，竇建德就滅了宇文化及，成為替皇帝、替隋朝報仇的蓋世英雄，這對仍舊忠於隋朝的人來說，竇建德就比其他亂黨容易接受。

另外，竇建德還參拜了楊廣的遺孀蕭皇后，自稱臣子，對蕭后恭敬有加，收復了忠於楊隋皇室的諸人之心。拜完主母之後，他找到了盟友王世充，讓王世充擁立的皇孫封自己為夏王，這樣一來，自己的名分就不是自封的，而是得到朝廷正式承認的了。

更了不得的是，竇建德還得到了隋朝的傳國玉璽、天子儀仗以及裴矩、虞世南等大隋名臣，這樣的優勢連李世民父子都嫉妒得夠戧。

等到李世民騰出手來收拾王世充的時候，竇建德坐不住了。他決定出手，幫助勢力稍弱的王世充來對付來自關隴貴族的李世民了。在竇建德看來，三方當時的實力是旗鼓相當的，所以只要自己幫助其中一方，就一定能左右戰局。既然李世民實力稍強，那麼他可以在聯手王世充打敗對方之後，再好好收拾王世充。

這人啊，不管坐到什麼高位，只要平常心變成了野心，就容易失去自己的判斷力。竇建德的一世英名就毀在最後對局勢的錯誤判斷上了。他只看到了自己手中有人有馬有地盤，卻忘了自己和李世民、王世充的起點是完全不同的類型。

說到底，隋朝還是沿襲了北朝的士族制度，所謂的「貴族」和「士族」在社會、朝廷的影響力是無法估計的。李世民就是關隴貴族的一支，有著平民無法想像的錯綜複雜的人脈關係。竇建德只是河北一個農民，因為機緣巧合造反還算成功，但是自古以來真正是農民起義出身的帝王能有幾個？王世充介於二者之間，是由商人再到官僚的普通士族，雖然得到過楊廣短暫的恩寵，但骨子裡的市儈氣息是無法抹滅的。

表面上看，是三股勢力在爭搶天下，實際上還是三個不同的圈子在代表各自的利益而戰。尤其是豪門貴族與平民百姓之間兩個從不交叉的圈子，誰贏誰輸靠的還是圈子背後的力量，而非當時真正派上場的前臺演員們。

虎牢關一役，宣告了竇建德和王世充兩位極有實力的反王都被淘汰出局，此後，李唐的皇位越坐越穩。從大業七年（611年）拉桿子造反到大唐武德元年（618年）自立為夏王，竇建德經過八年的風雨征戰，也算得上是老革命了。

八年的時間中，他的所作所為一直為人稱道，比起一般的有了點權勢就不知道自己姓甚名誰的義軍首領強得多了。他不喜奢華，不愛美色，不貪財物，做了夏王之後還堅持與士兵同甘共苦，這些都是竇建德的部隊忠誠度比較高的原因。

而今，山東清河一帶的夏王廟仍舊香火鼎盛，那是忠厚農民在祭奠同樣農民出身的夏王竇建德。

## 一對敗給利益的結義兄弟

比起李密、翟讓、竇建德等同行，江淮杜伏威的出身才叫可憐。前面幾位老大好歹還是落魄貴族、小官吏或者小地主，杜伏威卻是赤貧，無財無勢無靠山。因為窮，他從小沒少做偷雞摸狗的「壯舉」。

他的好朋友叫輔公祐，此人更是善偷，經常偷親戚家的羊來找杜伏威，然後兩個人一起烤了吃。經過不斷地偷羊、烤羊的默契配合，杜伏威和輔公祐的膽子越來越大。

隋亂之時，法律嚴苛，偷羊的事情一旦曝光就是一個殺頭之罪。於是，這兩個齊郡章丘縣的後生不等官府來抓，自己就扔掉了良民的帽子，扯旗造反了。是年，大業九年（西元613年），杜伏威僅僅16歲，放到現在不過是初中生的年齡。看來不光是「英雄出少年」，做反賊這項工作也講究個「後生可畏」。

其實，以杜伏威當時的名望和資歷，要拉起一支隊伍還是很不容易的。他也清楚自己當時的境況只有一腔熱血、一身勇力，沒有物資，沒有地盤，沒有振臂一呼就能引起無數人響應的響亮招牌，只得就近參加了一支小股義軍，等待出頭之日。亂世之中，像杜伏威這種光腳的不怕穿鞋的懵懂少年，正是建功立業的大好時機。

他們沒有後顧之憂，也不惜命，一心只想出人頭地，這樣一來反倒容易在義軍當中脫穎而出，得到大當家的還有兄弟們的信任和尊敬。憑藉「初生牛犢」之勢，杜伏威在他投靠的第一支隊伍中闖下了名頭，有了參與爭霸天下遊戲的原始資本。

杜伏威的根據地在江淮一帶，這個地點不能說不好，但是與河北、山東等北齊舊地相比，隋軍對江淮的控制力度還是比較大的。尤其是楊廣登基之前，曾經在江南任職十年時間，對這塊地域的重視程度也是不同他處的。

從這一點上來說，起點本來就不如旁人的杜伏威在地盤的選擇上又輸了一局。他意識到自己雖然逐漸成為這一小股義軍的首領，但這個力量實在是太弱了，別說對抗大隋朝了，就是同行們也能輕易捏死他。杜伏威決定軟硬兼施，蠶食自己周邊更小的力量。從杜伏威後面的戰果來看，他在拉攏隊伍方面還是很有天賦的。

說他是軟硬兼施並非虛言，杜伏威還真是胡蘿蔔在左，大棒在右，兩手一起抓的這件吞併大計。比如對待江蘇下邳的苗海潮，杜伏威採取的就是胡蘿蔔政策。他讓自己的搭檔輔公佑去向苗海潮送信，以表示自己對苗的重視。

信上的內容很簡單，恩威並重，雙管齊下，大意是說：「兄弟，咱們做這一行的，分散開來力量就弱，合兵一處力量就強，這一點毋庸置疑。可是現在有一個難題，就是你來投靠我還是我去投奔你，你好好考慮考慮吧。」

這個苗海潮收到信之後，反覆思量，覺得論實力，自己比杜伏威還差一點；論前途，自己更是比不上那個毛頭小子。反正自己也沒有稱霸天下的決心，在亂世之後落草為寇那是不得已的事情，既然現在有人願意管自己手底下這幫弟兄，還許諾給自己一份光明前景，那就姑且相信好了。

於是，苗海潮很痛快地率領自己剛剛打理好的隊伍，歸順了杜伏威部。杜伏威只靠一個使者一封信就平白得到了現成的地盤和力量，威名在江淮一帶看漲。

他的另一個鄰居海陵趙破陣聽說了杜伏威兵不血刃就收降了苗海潮一事，很是心癢難耐。因為趙破陣「鬧革命」的時間比上面兩位都要早，實力也更強一些。他想複製杜伏威的方法，把杜的部隊收歸己有。

趙破陣欺負杜伏威的把戲和當時杜伏威對待苗海潮的路數如出一轍，這一點讓杜伏威很是看不起趙破陣，覺得這個人一點創新精神都不講，竟然抄襲自己的創意。他也不想想，既然這招就是他杜伏威想出來的，他能沒有破解的招數嗎？

果然，當趙破陣派使者前來招降杜伏威的時候，杜伏威假意答應了。為了表示誠意，杜還親自帶領十幾個弟兄親自來到趙破陣的地頭投誠。趙破陣打心眼裡就沒有瞧起杜伏威，覺得這樣一個鬍子都沒長齊的青瓜蛋子成不了什麼氣候，竟然大大咧咧招待杜伏威，一點防禦措施都沒做。

杜伏威哪會客氣，他當場刺殺了趙破陣，讓海陵群龍無首。不一會，輔公佑按照計劃率部來攻，裡應外合，收攏了趙破陣的全部力量。此二戰，一軟一硬，讓同行們見識了義軍圈的後生晚輩不凡的身手，杜伏威則憑藉迅速壯大的力量，躋身一流造反圈。他自稱將軍，縱橫江淮，江淮各地小盜爭先恐後紛紛來歸。來得早的，還能得到杜老大的親自招待，歸順晚的，可就沒有這份殊榮了。

杜伏威治軍也很有天分，雖然他沒有上過軍事學校，也沒有讀過兵法策論什麼的，但是對於一個天生英雄的猛人來說，有些事情似乎就是猶如神助的。他仿照北齊貴族那些家主一樣，廣收義子。帳下凡是作戰勇猛之人，不管年齡大小、職位高低，都可以成為老杜的乾兒子。這件事情後世講起來挺滑稽的，但當時還真就是一群年歲不等的武將們圍著年僅二十來歲的杜伏威口稱「義父」。

老杜最精銳的部隊就歸自己率領，三十多個乾兒子協助管理，像極為勇武的王雄誕就是杜伏威的義子之一。這個乾兒子和老杜年歲相當，在歸順老杜之後，對老杜曾經多次捨命相救，兩個人的感情還是相當深厚的，並非完全的利用關係。

大業十一年，也就是杜伏威造反兩年半之後，他遇到了這輩子最恨的人——東海李子通。當時李子通吃了敗仗，帶著手下一萬多人來投靠杜伏威。對於這麼龐大的一支隊伍，杜伏威實在是高興不起來。對方雖然帶來了不少人馬，但也帶來了隱患。這麼多人會乖乖聽話嗎？一旦他們生出異心，會不會牽連自己原來的人馬？

李子通也是反王出身，果如杜伏威所料，不是久居人下之輩。原來他率眾出逃是因為在山東長白山一代和人搭夥的時候太得人心了，遭到搭檔的嫉恨才不得不離開的。到了杜伏威處，李子通一開始還能恪守客軍的本分，對義軍的指揮權退避三舍。

時間稍長，他就按耐不住了。這就好比一個做慣了老大的人，讓他老老實實做老三、老四還真是難為他了，不生出反心才是怪事。

李子通潛伏在杜伏威軍中，竟然發動了兵變，打了杜伏威一個措手不及。雖然杜伏威也曾懷疑過李子通投靠的誠意，但他還是高估了對方的耐心。兵變之中，老杜受了重傷，幸虧義子王雄誕相救才倖免於難。此後，杜伏威對李子通恨入骨髓。

隋軍也不是吃素的，當他們聽說江淮軍內訌的時候，馬上就反應過來進行剿匪了。杜伏威本來傷病未癒，最狼狽的時候竟然靠一個部下的彪悍妻子

背著逃跑。李子通也沒什麼好下場，在隋軍的進攻之下節節敗退，最後率領殘部逃到海陵去了，到底也沒能搶走老杜的地盤，反倒是隋軍漁翁得利了。

傷癒之後的杜伏威經過長達半年的休整，隊伍才稍稍恢復當年的氣象，還控制了江都附近的六合縣作為根據地。江都又叫揚州，那可是楊廣畢生最為重視的地方了，這裡對他來說比洛陽還要親切。君不見隋煬帝幾次三番勞民傷財地乘坐豪華龍舟就是為了巡幸江都嗎？所以老杜又悲劇了，他的地盤放到了楊廣的眼皮子底下還能有好下場？隋軍的精銳部隊成為杜伏威的頭號大敵。隋軍雖然士氣不怎麼樣，但勝在訓練有素、裝備精良，和杜伏威對陣總能打成平局，僵持不下。

從本質上來說，杜伏威並非天生反骨的那類人，他還是渴望得到正統力量的認可，好好做富家翁的。

後來王世充扶植皇孫楊侗即位，杜伏威就接受了楊侗的封賞，做了楚王。後來李淵的江山日漸穩固，老杜又歸順李淵，成為李唐王朝的太子太保、尚書令、異姓王等極為尊崇之人。杜伏威也防範著李淵玩鳥盡弓藏、兔死狗烹一類的「帝王之戲」，把結義兄弟輔公佑留在了江淮根據地。按照他的想法，兩兄弟一個在朝一個在野，就能共享太平。

他沒想到，在利益面前，結義兄弟也是不可靠的。輔公佑竟然不顧這個兄弟的死活，在杜伏威歸唐僅僅一年就起兵反唐了。這下可把老杜害慘了，李淵不問青紅皂白，將杜伏威一家老小抓了起來。不久，唐宮傳出消息，杜伏威因為服食雲母過量暴卒了。「暴卒」對於帝王之家來說是一個出現頻率極高的詞語，但凡主上不喜歡的人都會以這種方式離開人間。

輔公佑難道不知道他若起兵反唐會害了杜伏威嗎？這個問題有點幼稚啊，這一點他怎麼可能想不到呢？可是當他知道自己有稱帝的可能性的時候，還會在乎結拜兄弟的死活嗎？恐怕就是親兄弟，也阻擋不了他稱帝的大業吧？

### 中外歷史上朝代更替的祕辛
#### 十八路反王：造反派的隱祕圈子與往事

想想就在不久前，兩個很有默契的兄弟經歷了偷羊共患難的時期。而今天大的富貴在望，兄弟又算什麼？李淵派出了本家侄子李孝恭去攻打跳梁小丑一般自立為宋國皇帝的丹陽輔公佑，不費吹灰之力，輔公佑就敗了。

兩年後，李世民繼位，突然「發現」杜伏威是被冤枉的，遂給他平反昭雪。但是人已經死了，平反不過是向新投降李唐的反王們表示他們李家的「大度」和「公平」罷了，貴族與平民圈子之間的勝負早就明了。

## 笑到最後的貴族圈子

### 門閥水深

《紅樓夢》裡的賈雨村當上縣官的當天就有人獻殷勤，送上「護官符」一張讓他揣摩，免得不小心得罪了京畿附近乃至整個天下最具權勢的「賈史王薛」四大家族。

隋朝初年，也出現過這種權傾朝野、一手遮天的「四大家族」，他們分別是：「李家鐵騎行天下，獨孤門生鎮四方，宇文腰纏家萬貫，蕭家偏安在嶺南。」

四句打油詩說不上什麼意境高遠，甚至連最基本的合轍押韻都沒有，偏偏是這四句詩代表了影響中國一千多年前的政治、文化格局的四家門閥大族。

打造出大唐盛世的隴西李家自不必說，一門出了三位皇后的獨孤世家不能不提兩句。風流倜儻的獨孤信稱得上「千古外戚第一人」，他本人是萬裡挑一的美男子不說，生的幾個女兒也是閉月羞花、沉魚落雁。結果長女許配給了北周世宗宇文毓，被追封為明敬皇后；四女兒嫁給了李淵的老爸李昞，等李淵即位後，追封母親為元貞皇后；七女兒獨孤伽羅更了不得，嫁給楊堅之後，竟然一人專寵四十年，讓萬萬人之上的皇帝老公不敢有絲毫拈花惹草的行為。三個女兒貴為三朝皇后，獨孤家的權勢之大、影響之深可想而知。

另外像偏安嶺南、割據一方的蕭家和富可敵國的宇文世家，也能挖掘出不少賺人眼球的事蹟。這就是門閥的魅力，比別人多幾個榮耀的祖宗、一份顯赫的家世，就能平白得到許多普通人終其一生都想像不到的好處。

隋朝的下層人群，無論是寒門學子還是疆場武夫，沒有一個不希望改變自己的出身，混上貴族頭銜的。儘管「三代才能造就一個貴族」，但至少自己的子孫不必再低人一等了呀！

有些人就因為希望改變出身的願望過於迫切，一時「誤入歧途」，加入了「各路反賊」的圈子。誰都知道頂著「造反」的賊名有極大的失敗風險，但是萬一僥倖成功，自己就有可能成為少數新的門閥族長之一。為了實現這個渺茫的理想，一代又一代的寒門學子前赴後繼地走上推倒舊有統治者的造反之路。

如此看來，大業年間此起彼伏的各路反王大半都是下層圈子的佼佼者「要求進步」的體現。可是沉澱數百年的貴族門閥豈是那麼好相遇的？推翻一朝一帝容易，推翻一個門閥家族卻是相當困難。結果隋末轟轟烈烈的「十八路反王、六十四路煙塵」將隋王朝攪和到了盡頭，最後卻把江山拱手送到了隴西李氏門閥的手中。並非反王們心甘情願地讓出「革命果實」，奈何自己心不夠黑、手不夠辣、兵不夠強、智不夠廣，既沒有豪門世家的經濟實力，也沒有人家積累幾世的野心和政治視野，這一切先天不足讓眾「反王」最終的失敗成為意料之中的必然。

李唐掌控天下之後，原本與他們屬於同一陣營的獨孤氏、宇文氏、蕭氏也都隨著它水漲船高，繼續權傾天下嗎？非也。既然楊堅和楊廣爺倆都意識到了門閥的存在對皇權的影響，心思更加縝密的李淵父子怎麼會容忍能威脅自家皇帝寶座的門閥貴族繼續風光下去？

於是，在皇室的打壓之下，曾經輝煌無比的關隴貴族圈子漸漸銷聲匿跡，而新興的山東士族逐漸成長為新時代的豪門。清河崔氏、聞喜裴氏、范陽盧氏、滎陽鄭氏等，都是大唐一代新的力量。他們的出現固然削弱了原有貴族的影響，但新的圈子的形成也不容小覷。

此盛彼衰、此消彼長，或許這就是歷朝歷代上層圈子不得不遵守的鐵律。

## 學習姨丈好榜樣

提到泱泱大唐的開創者，很多人的第一反應會是英明神武的唐太宗李世民。但是，大唐的第一個皇帝不是李世民，而是他的老爸李淵。如果沒有李淵的處心積慮，沒有李淵的號召力、人脈關係和經濟實力，李世民一個黃口小兒想要打江山的難度應該和李密、竇建德等人是一樣的。

這樣說並不是看不起李世民的能力，而是隋末的天下實在是太亂了，沒有一個各方面都說得上話的人很難操控那樣的局面，而李淵恰恰就是那位順應了各方勢力的「真命天子」。

他的出身好，這一點毋庸置疑。堂堂西魏柱國將軍李虎的長子長孫，這份殊榮是極少數人才能享有的，就連他的表弟楊廣也比不上他。當年楊廣的爺爺也是西魏的大官，但只是大將軍，距離李淵的爺爺柱國將軍還是有一定差距的。換句話說，楊廣的爺爺見了李淵的爺爺是要叫一聲長官的。

李淵和楊廣能扯上親戚關係，要歸功於另一位西魏柱國獨孤信。他生了幾個貌美如花的女兒，幾個女兒都是他政治聯姻的好籌碼，而楊廣和李淵兩朝皇帝都是他的好外孫。

歷史上朝代更迭的苦情戲居多，但在楊堅和李淵這對姨丈外甥之間卻有著諸多驚人的相似之處。

李淵很小就死了父親，所以小小年紀就承襲了唐國公的頭銜，一個七歲的垂髫童子被人稱為「國公爺」，這種榮耀可不是人人都當得起的。沒爹的孩子李淵只能從其他男性長輩身上尋找父親的影子。對他影響最深的長輩應該是他的姨丈楊堅了，而留給李淵印象最深的事情應該是姨丈不斷變化的身分。

姨丈竟然從北周小皇帝宇文闡的手裡搶到了皇位，在四十歲之後成為大隋朝的開國之君。這件事情對李淵的刺激太大了，原來不靠世襲也能穿龍袍、坐龍椅啊。果然，三十多年以後，他也從一個小皇帝楊侑手中搶走皇位，開創了大唐江山。

有了姨丈的榜樣作用，李淵在奪位稱帝的道路上越走越有信心。他比姨丈更有耐心，一直等到了五十二歲才登基，史稱大唐高祖皇帝。

李淵稱帝之時，天下早已大亂，十八路反王、六十四路煙塵都是虛指，實際上各種規模不等的造反部隊將近一百四十支。李淵的聰明之處在於他野心立得早，但公開造反的時間晚。這一早一晚之間的時間把握讓他擁有了最為雄厚的、問鼎天下的資格。

早早樹立造反之心可以早做準備，在表弟楊廣沒有察覺的時候就積蓄錢糧和爭取其他貴族的支援，這一點比起「官逼民反」的竇建德、杜伏威之流就占了極大的便宜。晚一點公開起兵，則是自己坐山觀虎鬥之後漁翁得利的時刻。王薄、劉霸道他們起兵早不早？高士達、張金稱落草早不早？沒有用，早出頭的代價就是更早地被張須陀、楊義臣等隋將給收拾了。

李淵在狼煙四起的時候抓緊機會向表弟表忠心，反倒步步高陞，在起兵之前做到了太原太守一職，有兵有糧、有城有民，還有隋朝內部諸多關隴貴族的暗中支持，李淵的本錢實在是太雄厚了，這讓那些草莽出身的反王們拍馬都追不上。

當瓦崗軍、河北軍、江淮軍們將大隋朝的江山攪和得七零八落，當遠征高麗將大隋朝的國庫消耗得七七八八，當連年的天災讓華北平原上到處都是饑民和餓殍，李淵的機會來了。他不用親自動手去討伐楊廣，只須打出為表弟報仇的旗號來清剿那些反王就可以了。曾經叱吒鄉里、橫行一世的土霸王們到了唐國公的大軍面前紛紛土崩瓦解，成為李淵上位的墊腳石。

大唐，踩著無數造反者的屍骨，誕生在隋朝的腐屍之上。

至於各路反王的下場倒是比較有意思，要麼降唐，要麼被唐軍處死，別無第三條道路。程咬金、秦瓊、徐世績、魏徵這些人就是降唐之後飛黃騰達的典型，他們成為大唐的開國功臣，被永遠地供奉在了高高在上的凌煙閣當中。李密、竇建德、杜伏威等人就沒有這麼幸運了，雖然他們也曾降唐，但因為昔日的影響力還在，讓李淵很不放心，於是有了再次反唐被誅或者「因病暴亡」的下場。

## 圈裡圈外，鬥爭永不停息

李淵從各路反王手中搶到了天下，可以算是貴族圈子對陣平民圈子的一場勝利。可是事情到這裡還遠遠沒到畫上句號的時候，李唐建國之後的內部鬥爭更加精彩，可比什麼後宮女人之間勾心鬥角的宮鬥大戲複雜多了。

李淵有19個女兒、22個兒子，按說是多子多福的好命。可惜的是生在帝王之家的這些皇子公主們還真就沒有一個讓人省心的主。有人打了個很形象的比喻來形容李淵的孩子們，他說李淵的前幾個兒子像李建成、李世民、李元吉等都是原配竇皇后所生，應該是諸子當中的精品。而後的三十幾個子女都是小老婆們貢獻的，只能算作流水線的產品，雜而不精。所以咱們就忽略不計其他的弟弟妹妹們，單看李建成、李世民兄弟能折騰出多大的風浪。

「玄武門之變」應該是皇室中兄弟相殘、同室操戈最經典的案例，我們就不過多贅述了。這裡有一個關鍵是當時李淵還沒死呢，這些好兒子們就做出了這樣手足相殘的事情，讓老爺子情何以堪。於是他僅僅做了八年皇帝之後就匆匆退位了，天知道自己不讓出這個惹禍的根苗，幾個膽大包天的兒子會不會連老子一起解決了。

有趣的是，兵變雙方除了李建成的太子黨和李世民的秦王黨，還有一支隱祕的後宮黨在兵變之前就屢屢向李淵施壓，處處壓李世民一頭。這種事情有可能是李世民登基之後為了自己的名聲著想，授意史官們杜撰的，但無風不起浪，也極有可能真有什麼蛛絲馬跡露了出來。

李建成當了八年的太子，能沒有自己的黨羽嗎？李世民常年出征在外，怎比得上天天早晚請安的大哥更討父皇和眾位小媽的歡心？李世民有眾多的嫡系要養活要厚賞，勢必會影響其他兄弟的利益，弟弟們、年輕美貌的母親們怎會善罷甘休，她們能不在高祖皇帝面前吹吹枕頭風嗎？

這一切都給了李世民不得不發動兵變的理由，不造反就受死。與其自己去死，當然不如好好地活著看別人死更愜意了。「死道友不死貧道」，這種看起來很自私的想法其實就是人面臨生死抉擇時候的本能。

李世民在自己嫡系小圈子的協助下，打贏了大哥、四弟和後母們合夥組成的雜牌軍，成為大唐武德一朝笑到最後的那個人。

此後，武德結束，貞觀開始。文武雙全、人才輩出的秦王府圈子在經歷了隋末群雄逐鹿的激戰和唐初同室操戈的謀劃之後，在諸多圈子當中脫穎而出，成為唯一的勝利者。看來，不管這個圈子是代表寒門還是豪門，實力都是唯一重要的標準。

**中外歷史上朝代更替的秘辛**
清朝的奴隸制度與八旗

# 清朝的奴隸制度與八旗

文／蘇布谷

## ▎清朝的奴隸制度

　　清朝儘管廟堂之上湧現了曾國藩、左宗棠、李鴻章等顯赫幾十年的重臣，但是無論曾國藩還是李鴻章，在朝廷的格局裡，都算「外人」，他們的祖先沒有鐵飯碗，他們的子孫也不會因為出身而有鐵飯碗。因為他們是漢人。

　　這種民族和出身的差異導致的待遇和境況，在清朝整個260年的統治中，貫穿始終。

　　電視劇《鐵齒銅牙紀曉嵐》裡有個小段落，紀曉嵐恥笑和珅，因為和珅在皇帝面前永遠自稱「奴才」，而紀曉嵐則稱「臣」，這便是電視劇的情節需要。其實在清朝，除了所謂的滿漢之間的「民族」矛盾和八旗內外的「特權」與普通人的矛盾之外，還有一套影響整個社會機制的矛盾，便是主奴之間的問題。

　　簡言之，清朝的統治秩序歸根結底是主奴的等級制度。其他漢族王朝，宗室王公和異姓貴族、高級官員處於大致平等的等級地位。以明朝為例，明朝初期親王地位高於異姓公侯大員，永樂以後則地位降低，到了嘉靖萬曆時期，宗室親王要禮敬大學士權臣，而自稱門生、晚生，這也是明亡後，那麼多知識分子仍舊「盡忠」甚至不惜以死殉節的重要原因，因為臣工和知識分子都得到了皇家的尊敬和重用。

　　但是在清朝，則完全不是這麼回事，皇帝本人常說「八旗皆是臣僕」，也是以主奴身分要求漢族官員的，因此決不允許漢族士大夫因為清高就不屑屈就。乾隆時期出現的李雍和潛遞呈詞案、齊周華案等，都因為對皇帝有不敬之語，或者沒有避諱皇帝的御名、廟號等而被處死，家屬或被斬首，或被發配到功臣家為奴。

## 清朝的奴隸制度與八旗

清朝前期,大學士等級別的官員與諸王共同議政的形式是,諸王端坐聽稟,而貴為宰相的大學士則要向諸王雙膝跪奏事。直到雍正以後,才免去屈膝跪拜,但是平時如果宰相(大學士)見到諸王,仍舊要下跪行禮,這種規矩一直到嘉慶、道光之後也是如此。至於名義上免去的雙膝跪拜的「長跪」禮,其實雖然皇帝多次下令禁止,但是一直到咸豐朝,還一直存在的。

選秀女就更明顯地體現這個遊戲規則了,清代旗人選秀女,不僅為皇帝充實後宮,而且為皇子皇孫以及下五旗王公及子弟指婚,所以,選秀前自行婚嫁的,就要被治罪。換言之,旗人都歸愛新覺羅家族管,旗人官員屬於奴才的位置,而漢族官員的地位比旗人官員地位更低。嘉慶時期,一品大臣尚書景安,與禮親王昭槤本不同旗,不該歸昭槤管,但景安的主子與昭槤同出禮親王代善,昭槤就有資格罵景安為他家奴才。在這種文化背景下,一品大臣就難免也是奴才的地位了,甚至還不如呢。

異姓的公、侯、伯、一品大學士等平日裡出行,如果要路過親王、郡王、貝勒府門,就算見不到本人,也要下馬走過,不然就要被治罪。於是,君臣的關係就不是職業化的皇帝和臣工的關係,而變成了主子和奴才的關係,這在奏摺中體現最為明顯。

康熙五十一年(1712年)正月,雲南巡撫吳存禮給康熙奏摺中,對自己的稱呼是「竊奴才一介庸愚,至微極賤……奴才遣子恭詣闕廷勉供驅策,使奴才之子稍效一分犬馬報主之力,庶奴才稍申一分犬馬報主之心……」

被雍正怨念的何天培的奏摺中,在詳細彙報幾個兒子的情況之後,來了一句「敢再懇主子賞給苦差效力行走,庶幾驅策駑駘,稍盡一點兒犬馬戀主之念」。

旗人官員命婦這種有身分的貴婦人,在清朝初期要輪流進宮服侍后妃,而且還要看作至高的榮耀,順治帝董鄂妃死後,辦理喪事時,還曾命令八旗二、三品官員輪流昪柩。就說皇帝的妃子死了,八旗二、三品的官員都要被拉去做壯丁做苦力,工作是抬棺材。

這種遊戲規則不僅貫穿於滿族官員，漢人官員也是如此。康熙五十一年三月，貴州提督順天大興人王文雄，之前派了兒子王廷柱赴京「叩請聖安」被康熙賞識，留在身邊當了侍衛。清朝皇帝身邊的侍衛基本都是八旗子弟，這次漢人官員孩子可以被選作侍衛被認為是「天恩」，這位老王難免受寵若驚，於是奏摺中出現了「貴州提督總兵奴才王文雄跪奏為恭謝天恩事……伏奴才至微極賤……」總而言之是，自己是賤人，兒子也是賤人，都是皇帝養的奴才，命中注定要為主子無怨無悔服務的。

至於奏摺中出現「奴才跪誦之下不勝悚懼無地自容」這種句子更是司空見慣。

乾隆時期有個兩江總督高晉，在他任上，江蘇出現了徐述夔案，乾隆二十六年（1761年）六月初五日給皇帝的奏摺中還自稱「臣」，到了乾隆四十三年，他還是「大學士任管兩江總督臣高晉」，在查辦徐述夔案時已改口為滿口的「奴才」「奴才高晉謹奏」，其中一份580餘字的奏摺中，光「奴才」出現了16次，還出現「奴才跪讀之下伏地叩首惶悚莫能仰視……」「奴才不勝髮指當即……」一品大員，在世人眼中耀武揚威光宗耀祖的，到了清朝皇帝的跟前，這種口氣，這種態度，全然不過是「奴才」一枚，搖尾乞憐的可憐狀躍然紙上，估計皇帝老兒看到這種摺子，施虐的快意也是施施然升騰起來了吧？

在清朝留存檔案中，這種漢族大臣滿口奴才、犬馬稱呼自己的奏摺、文章俯首皆是。而處於主奴關係中的皇帝，要求臣下必須以奴才的身分自持，對不接受這種觀念的漢人，則強迫之。雍正皇帝自己曾經說過「歷來滿洲風俗，尊卑上下，秩然整肅，最嚴主奴之分」，而「漢人從來主奴之分不嚴，是以查嗣庭、汪景祺輩不知君上之尊，悖逆妄亂」，因此懲治。而乾隆三十八年（1773年），剛剛升為涼州鎮總兵的喬照在給乾隆的謝恩摺子內以臣自稱，而未用多次強調的奴才身分，被乾隆申飭。到了道光六年（1826年），西寧辦事大臣穆蘭岱在奏報青海、蒙古事情的摺子中，也因為只自稱是「臣」而不是「奴才」而被道光「傳旨申飭」。

作為奴才，最重要的就是要跪下。乾隆時，協辦大學士吏部尚書劉於意，年已七十，在養心殿跪著奏事，結果跪得太久了，再站起來的時候，自己不小心踩著衣角而摔倒，結果跌死在乾隆的腳下。就這樣的事情之後，也沒有廢除臣工跪拜的行禮要求，尤其是年老的大臣寒冬也得就地跪倒，而皇帝對他們最大的體恤只是「跪時加墊」。

為了實現自己這種「主子的權威」，乾隆皇帝有時候也會給點厲害看看，比如總督張廣泗、總兵柴大紀因為觸犯刑律，逮到京師，朝臣都認為他們罪不至死，只可惜皇帝親審的時候，他倆都出現「抗辯不服」的「症狀」，結果乾隆「怒而斬之」。至於皇帝親自打大臣屁股這樣的事也屢見不鮮，比如康熙帝就因為奏本讓其停遊獵，息兵養民，而「大怒，廷杖不已，又親執杖以撻之」，以致他「體無完膚」。打都打得，罵人也不在話下了，雍正皇帝把兄弟捉起來，賜名「阿其那、賽斯黑」，罵臣工為禽獸、混帳、不是東西等也是家常便飯，中國儒家傳統哲學的「士可殺不可辱」已經完全沒有生存的空間，為此龔自珍有評價說「主上之遇大臣如遇犬馬，彼將犬馬自為也」。

## ▍文字獄的恐怖

朝堂之上的制度和規矩直接毀掉了漢人士大夫的尊嚴，而文字獄則在民間掀起了恐怖運動。而且有個更明顯的特徵：文字獄主要針對的是滿漢的民族矛盾。

康熙時有位舉人汪景祺，曾做過年羹堯的幕僚，他曾有一文《西安吏治》云：「吏治之壞，莫甚於陝西，數十年來督撫番臬都以滿洲人為之，目不知書，凡案牘批評第責之幕官，官方賢否，但委之堂官，雖判日亦假手於人，吏治民生皆不過而問焉。」當時的漢族人口有八千多萬，而滿族人口是三百多萬，完全以少數控制多數。當然也顯示了滿人對漢人的不信任。

當然這位舉人最終的結局是因作詩譏訕聖祖仁皇帝，大逆不道，應當處以極刑，大臣等擬立斬具奏，「姑從其請」。清朝極刑是指凌遲，即傳說中的千刀萬剮，這次因為有人求情，所以從千刀萬剮改成斬首。

但是他的妻子兒女都發遣到黑龍江給與披甲之人為奴，他的期服（著一年喪服）的親兄弟、親侄一起充軍寧古塔，五服以內的族人，現任、候選、候補的查出後一齊革職，交地方官管束，不許出境。五服以內就是只要血統上有一絲半毫牽連的，就不放過。

如果說對汪景祺的嚴懲與雍正皇帝想根除年羹堯有關，那麼歷史上兩個著名的文字獄，就是純粹針對漢人知識分子的。

電視劇《鐵齒銅牙紀曉嵐》裡，紀曉嵐是完美的正面形象，每日裡智鬥和珅，勸言皇帝順便還要修四庫全書，一副君臣和諧的繁榮景象。

事實並不盡然，紀曉嵐生於1724年，和珅生於1750年，兩個人差了26歲，乾隆皇帝生於1711年，比紀曉嵐大13歲，比和珅大39歲，和珅獲得乾隆賞識，做了乾隆的儀仗隊的侍從並任管庫大臣，管理布庫的時候是23歲，是乾隆三十八年（1773年），這一年的紀曉嵐已經49歲了，而乾隆皇帝62歲，三個人基本是三代人的樣子。更重要的是，和珅和紀曉嵐，一個是滿族親衛兵，一個是漢族文臣，在清朝的管理系統裡，滿臣和漢臣之間涇渭分明，基本就沒什麼交集。

在真實的歷史中，《宰相劉羅鍋》中的劉墉倒不是那樣一臉祥和的模樣，乾隆四十三年（1778年）8月27日，乾隆皇帝批了他兩個奏摺，都是和文字獄有關，其中一個徐述夔詩案，日後成為清朝文字獄的大案。

當時的劉墉為江蘇學政，在江蘇金壇（華羅庚的故鄉）辦理事務，有一如皋縣人投遞呈詞，「繳出徐述夔詩一本」，這個徐述夔的詩詞中有一些懷念前朝的語句，為其作序的是沈德潛。劉墉二話不說，就給乾隆皇帝密報了奏摺。

乾隆皇帝一看，大清建國快百年了，還有人話裡話外想顛覆政府反清復明呢？趕緊命人清查，順便也殺殺江南知識分子的威風，再次宣告一下，這是誰的天下。

於是皇帝親自要求嚴查，把徐述夔顛覆政府的罪狀做實了。徐述夔的詩文中，有一些被認為是「大逆不道」顛覆政府的詩句，比如《詠紫牡丹》中

的「奪朱非正色，異種也稱王」；《詠鶴立雞群》詩有「明朝期振翮，一舉去清都」；《詠鼠嚙衣》詩有「毀我衣冠真恨事，搗除巢穴在明朝」。這就是鐵證如山啊，就算沒有顛覆政府，也有煽動的動機，起碼默念「我要顛覆政府」，也是可以治罪的。

徐述夔案最終的結果是，徐家滿門抄斬。徐述夔、徐懷祖父子判的是凌遲，也就是俗稱中的千刀萬剮之罪，當時徐氏父子已經死了，都被「梟去首級凌遲銼碎撒棄曠野」，其餘徐家人，包括供詞說自己不知情的，都要「斬立決」。

乾隆皇帝還借題發揮，清理了江南的官場，江寧府藩司衙門幕僚陸琰因「將此案視為尋常」，沒有端正工作態度，「系有消弭重案」，被判斬立決；藩司陶易斬立決，由山東巡撫臣國泰負責查明他家的產業，乃至原籍資財、房產、衣物都盤查清楚，該充公的充公；揚州知府謝啟昆因辦此案「延宕半月」，效率太低，革職查辦，發配新疆充軍。

這一折騰，整個朝野都「虎軀一震」，原本八竿子打不著的浙江巡撫王亶望、廣西巡撫吳虎炳、貴州巡撫圖思德、陝西巡撫畢沅等人趕緊就此事向皇帝寫奏摺、發電報，表達與中央一致的忠心。

可是再回首，看看這個案件裡的好多人，真是讓人哭笑不得。比如，案中有一個人叫毛澄，因為為徐述夔《和陶詩》作跋而被流放到千里之外，他的供詞，有一種冷颼颼的黑色幽默在其中。毛澄說「姚德璘向我說有本地舉人徐述夔作了一本《和陶詩》要我作跋，我就隨手寫了幾句跋，交給姚德璘拿去了，我並不認識徐述夔，我當日作的跋並沒存留底稿，如今細想還能記得幾句……」

至於作序的沈德潛，此時已經去世9年。乾隆親自降旨追奪沈德潛階銜、罷祠、削封、僕碑。可是沈德潛在去世之前，是乾隆眼前的大紅人，而且紅了幾十年！

沈德潛22歲參加鄉試，考了17次，一直到乾隆四年（1739年），在67歲時才得中進士，算起來有點范進中舉的意思了。這位老先生，治國的策

略不見得有多少,談論詩詞倒是一把好手。他 70 歲的時候,乾隆皇帝召見他,並與他討論詩詞,他對答如流讓乾隆大為賞識。其實作為後人,我們其實有理由懷疑,彼時是乾隆七年(1742 年),時年 32 歲的年輕皇帝聽說有個 70 歲老頭考了 17 次才考中進士,趕緊讓他一起來論論詩文的心理,用北京話說,難免有拿他打岔玩兒逗悶子的心態。但是對於沈德潛來說,讀書人的目標不就是「學得文武藝,賣與帝王家」麼?他忙活了一輩子終於有機會在皇帝面前顯擺,大好機會怎能失去?這種顯擺也是有好處的,乾隆皇帝大為激賞,稱他為「江南名士」。從此之後沈德潛成了乾隆皇帝面前的紅人,紅到什麼程度?

乾隆皇帝曾說過,「我和沈德潛的友誼,是從詩開始的」。兩人的交往也滿滿的詩意。沈德潛 77 歲辭官回鄉,乾隆為他的《歸愚詩文鈔》寫了序言,並賜御製詩幾十首給他。乾隆多次下江南,幾乎每次都要他來陪護,唱和幾首詩詞。乾隆十六年(1751 年),乾隆遊幸江南,已經 78 歲一把老骨頭的沈德潛趕到清江浦迎駕,乾隆賜詩曰:「玉皇案吏今煙客,天子門生更故人。」

當年,乾隆給三代封典,並賜詩,其中有句云:「我愛沈德潛,淳風挹古福。」時年 65 歲的侍郎,日後與沈德潛被稱為「東南二老」的錢陳群當時在旁,唱和曰:「帝愛沈潛德,我羨歸愚歸。」沈德潛的名「德潛」、號「歸愚」,賜詩與和詩把名號都塞進去了,兩位老先生逗皇帝開心真是不遺餘力。

沈德潛 97 歲去世,乾隆還為他寫了輓詩,追封太子太師。看著多麼一副和諧美滿、君臣各取所需的逗樂圖啊。可是伴君如伴虎,皇帝老兒翻臉歷來是比翻書還快的,到乾隆四十三年(1778 年),沈德潛死後的第九年,風向忽然變了。乾隆四十三年十一月二十七日的上諭裡,皇帝點名要將沈德潛所有官爵及官銜、諡典盡行革去,其鄉賢祠牌位所賜祭葬碑文亦一併撤出,沈氏家族所有榮華頃刻之間化為泡影。

皇帝給出的理由是:伊自服官以來不過「旅」進「旅」退(旅同屢,皇帝也寫錯別字),毫無建白,並未為國家絲毫出力,眾所共知,及乞休後復賞給尚書銜晉階太子太傅,並予在籍食俸恩施至為優渥,沈德潛理宜飭躬安分、謹慎自持,乃竟敢視悖逆為泛常,為之揄揚頌美,實屬昧良負恩!

皇帝的意思翻譯起來，就是，一直是老子賞你口飯吃，你還敢表達觀點，你個死沒良心的！

而沈德潛之所以有這麼個結局，只是因為他給徐述夔的詩文集寫過序言。

恍惚間有點榮華富貴過眼雲煙，忽喇喇似大廈傾的味道。用現在的眼光回頭看，也難免有一些荒謬的成分，終生所學、終生所求都沒有做到經國濟世，只是陪著皇帝玩鬧一番，而皇帝老兒之前所有的「友誼」啊，「恩寵」啊，「敬重」啊，他自己心裡原本是有數的。至於「尚書銜晉階太子太傅」都是皇帝「賞」給的，對國家並無建白，這種對知識分子「嗟，來食」的態度和方法，便是最能說明清朝知識分子和皇帝關係最好的案例了。

不過若論慘烈，徐述夔和沈德潛都不算慘烈的，比如呂留良案就更慘烈一些。呂留良生於崇禎二年正月二十一日（1629年2月13日），祖上在明朝世代為官，清朝建立之後，無論清政府如何軟硬皆施，呂留良就是不願入朝為官，康熙十七年、十九年，兩次不應「徵辟」、決意出家為僧。

原本他的事該翻篇了。民間的反清工作一直很執著，因為當時「九龍奪嫡」事後，民間有各種聲音認為清王朝氣數已盡，是反攻的好時機；這些反清的人思路都很淳樸，雍正年間，陝甘總督岳鍾琪是岳飛的後人，反清志士們就想當然認定，岳飛當年是「壯志饑餐胡虜肉，笑談渴飲匈奴血」的，才是真正的「自己人」。於是雍正六年（1728年），就有個叫曾靜的湖南秀才跑去找岳鍾琪，慫恿他學習先祖，要抵抗外辱，反抗清朝的統治。

一朝天子一朝臣，岳鍾琪自稱「臣受恩深重，今遇此等奇幻之事，但臣知有國不知有身」，連夜修書將此事密奏了雍正皇帝，雍正皇帝派人審訊了這位策反的秀才，從他口中得知，民間多人讀過呂留良的書，受到了「思想汙染」，因此思想汙染的源頭需要解決。

於是雍正皇帝順藤摸瓜，不僅查到呂留良全家，還查到了他的學生嚴鴻達等人。經過幾年的刑偵工作，雍正十年（1732年）判決：對於呂留良及其子葆中已經死的人，戮屍梟示；次子毅中改斬立決，所有孫子輩發遣寧古塔給披甲人為奴。

就這樣，雍正皇帝還不放鬆，呂留良的學生和學生的學生都受到牽連。雍正十二年（1734 年）十二月，經刑部會審，判嚴鴻逵與呂留良黨惡共濟，誣編妖言，應凌遲處死，但因為已經死亡，固梟屍示眾，他的祖父、父親、子孫兄弟及伯叔父兄弟之子男十六以上者皆斬立決，男十五以下者及嚴鴻逵之母女、妻妾、姐妹俱給功臣之家為奴。沈在寬是嚴鴻逵的學生，因為傳播了呂留良、嚴鴻逵的「邪說」，凌遲處死。其嫡屬均照律治罪。

而治罪中，除了凌遲處死這種酷刑，在講究尊嚴，受到孔孟教育多年，深深明白「勞心者治人，勞力者治於人」的漢族士大夫心中，最沒尊嚴的處罰是「世代為奴」，那就世代沒有讀書致仕、出人頭地、光宗耀祖的機會。呂留良家族的後人就受到了這種處罰。

對於呂留良後人，章太炎有記錄說：「……民國元年，余至齊齊哈爾，釋奠於用晦影堂。後裔多以塾師、醫藥、商販為業，土人稱之曰老呂家。雖為臺隸，求師者必於呂氏，諸犯官遣戍者，必履其庭，故土人不敢輕，其後裔亦未嘗自屈也。」

也就是說，儘管世代身為奴隸的身分，但是呂家後人還是自強不息讀書識字、做生意的──從另一個角度來說，儘管表面上保持了順從，但是在呂家後人以及諸多有類似經歷的漢人的心底、倔強的自強不屈背後，一定是壓抑了無數仇恨的。

這個仇恨一直積累到辛亥革命，辛亥革命後，浙江都督湯壽潛改西湖彭公祠崇祀三賢，將呂留良列為三賢之一。知縣及地方紳耆，為建新墓，築紀念亭於孔廟後。當時的蔡元培為之書額及聯，立碑以垂不朽。

清朝獲取江山，對於漢人採取的是不服就殺的模式，這種統治要延續，就需要漢人心服口服，凡有一點風吹草動，就要殺人以絕後患順便威懾。順治到雍正三朝，文字獄約為 30 餘起。前三朝罹難的大多為士大夫，即知識分子的上層，康熙在位 60 年，對文字獄的重心還在江南，著名的大獄只有莊廷鑨《明史》案和戴名世《南山集》案，前者主要牽涉鰲拜，但是康熙也盡力縮小屠殺範圍；後者牽連數百人，康熙皇帝也只殺戴名世一人，家人都免罪。

可是到了乾隆一朝卻達到130起以上，文字獄的受害者卻十分混雜，醫卜星相，地痞訟棍，商販工匠，三教九流，牛鬼蛇神，無所不有，對他們的處理方式也殘酷而悲慘，凌遲、滅族、立刻殺頭等都用上了。

整個王朝對待知識分子杯弓蛇影，有點喪心病狂了。

山西興縣人劉裕後，是個醫生，他的父親劉永儉、弟弟劉發後，在黃河上運放木筏營生，乾隆三年（1738年）九月，兩人運筏至山西保德州，遇到大水洶湧，木筏沖散，父親落水被淹死，劉裕後沒打撈到屍首，因此晝夜哭泣，竟然瘋了，「時發時愈」，用現在的話說，應該是間歇性精神病。這個劉裕後在不發病的時候就在家著書或者出門行醫，用十來年時間，寫了十六本《大江滂》，取意父親身沉大江，涕泗滂沱之意。

到了乾隆二十年（1755年）五月，劉裕後見學政蔣元益在考試生童，就把這書拿出來要求呈送學政。結果官府拿到這本書之後，首先把他拘留了，因為書中「不但語多不解，且有狂悖之處」。因此推斷，家中必有底稿，且恐怕其另藏悖逆書籍。於是委派同知往劉家搜查，並偵查其平日有無蹤跡詭祕之處。搜查結果，並無悖逆之跡，而鄉鄰、族長、家屬經過嚴刑審問，都一致說這個劉裕後患有痴迷之病，就是個神經病。但是官府卻一不做二不休，最終給的定論是，因為書內「或自比聖賢仙佛，或稱頌伊之父祖，僭擬帝王，甚至有譏諷朝廷之語，悖逆狂妄，不法已極，實難容於光天化日之下，未便因其素有瘋疾，稍為寬縱」。總而言之，這個人有忤逆的說法，不能因為是瘋子就寬容他。最後給的判決是「市曹杖斃，以申國憲」。而且從上書到打死，不過1～2個月時間，查案結案如此迅速，看得出統治者的殘暴和魯莽。

因為「瘋」驚動皇上，後被打死可不只劉裕後一人。山西巡撫阿思哈上奏乾隆皇帝說，有個直隸人王肇基流寓山西介休縣，呈獻詩聯，毀謗聖賢，狂妄悖逆，這人原本只是想當官想瘋了，用這種辦法想取悅皇上，騙個前程的，不想滿朝文武都當成大事情，覺得「背後定有蹊蹺」。乾隆皇帝立刻讓人刨根問底挖掘黨羽，最終的結果是這個人就是個神經病，瘋子，最終的處理方案是：押赴省城內通衢市曹當眾杖斃。

至於乾隆時期民間有個規矩，家裡有神經病的就得拿繩子鎖在家裡，千萬別出去，因為瘋子或者神經病出門罵街或者說胡話了，輕者要被杖斃，重者家屬、鄰居還會被連坐。

## 八旗駐防與滿城

除了文化統治、人事制度和組織規範之外，清朝地方的行政管理也體現了民族壓迫。

作為一個馬上打天下的民族，早在努爾哈赤時代，就有了以旗統兵，以兵統人的制度，這就是八旗制度。而在地方上的表現便是八旗駐防，滿城和漢城實行分區治理。

當年清兵入關摧毀明朝政權之後，為了震懾漢人，鞏固統治，命何洛會為盛京總管，統領八旗駐防盛京，旗兵重點駐防制度便由此開始，其後又按照全國各地軍略形勢需要，分別增設防營。康熙初年，全國防營制度大體趨於統一，按形勢衝要分為三等，如吉林、黑龍江。江寧、杭州、福州、廣州、荊州、成都等地的旗防營都列入一等，設有將軍一人坐鎮，下設副都統、佐領、協領、驍騎校等官佐，配置步兵、馬兵、砲兵、工兵、鐵匠等兵種，人數一般在五千人上下，稱為八旗兵。

最初的八旗兵包括滿、蒙、漢，後來因招撫歸順的漢兵越來越多，又另外以綠色的旗幟為標記，所以漢兵又統稱綠旗兵，也稱之為綠營。八旗之中，鑲黃、正黃、正白是天子親軍，稱為上三旗，三旗衛戍京師就稱為京營，駐防到各地的稱為防營，是駐防旗兵營的簡稱。

將軍的職權是統帥八旗子弟，對地方行政是無權過問的，不過將軍一般都是同宗近族，他有權直接向皇帝彙報，滿漢官員對他們都很尊重，有什麼要求，督撫也得讓三分，將軍犯了事，管理的機構也是宗人府，地方無權過問。基於出身和種族的特權，在行政和城市管理中，就表現在各個方面。比如無論地方的行政長官是誰，從知縣到道臺再到巡撫，對將軍總要敬三分讓三分。而將軍對於人事的建議也有一定的作用，以杭州將軍瑞徵為例，他有

## 中外歷史上朝代更替的秘辛
### 清朝的奴隸制度與八旗

一次患腹瀉，請了很多醫生看不好，結果有人推薦了一個科場失意的教書先生叫張頌元，懂得一點醫學，就給他開了方子，沒想到吃好了，瑞徵要謝他，就向巡撫推薦了這位教書先生，沒多久，教書先生就出乎意料地被任為富陽知事。

這種種族間的特權不僅在高層有體現，在其他方面也會有表現。

比如，現在的城市中，很多城牆都拆除了，但是在清朝，城牆是一個城市的主要防衛設施之一，旗營和城門鑰匙都由八旗分別掌管，即使是巡撫也沒有啟閉城門的權力。

年羹堯被貶到杭州，就去到慶春門管城門，旗人進出都不理睬，但是漢人進出還要對他點頭哈腰。

現在的民族分布特點是「大雜居小聚居」，但是在清朝，採取的是民族隔離政策。當初旗營是不許漢人進出的。外城出入還要接受盤查，一直到清代末期防衛才逐漸鬆弛。而建造旗營的過程中，更是分離和激化了種族矛盾。

以杭州為例，順治二年（1645年）六月，清兵到杭州，兩浙義兵紛起，清兵以杭州城為攻守重地，八旗將士和兵卒都駐紮到杭州城中，當時的望江、清泰、慶春等門，民房和寺院、道觀也都住滿了清兵。

1646年董阿賴率領清兵駐防杭州，因官兵散住民房，統帥管理不方便。另外漢人認為滿人為蠻夷，人類的復仇記憶就是這樣，因為之前清兵進城與漢人有過戰爭，而且清兵在歷史上製造了「嘉定三屠」「揚州十日」之類的屠城歷史，這種積怨加上現時生活中的仇恨和矛盾，旗兵和漢人之間經常有衝突，所以順治五年（1648年），董阿賴就請命朝廷，在杭州城內圈地構築駐防並得到允許。最終在杭州城內圈地上千畝，並且在順治七年（1650年）建築成功。

建成後的杭州旗營不僅是一項市政區域，更是一個獨立的小天地，旗營中設置若干哨所，有人輪番站崗；將軍署前後設步兵兩哨，警衛森嚴。

掌管鑰匙一項，一方面體現了清朝軍政的管理機制，另一方面也可以看出這種管理機制中的種族區分政策。以杭州為例，掌管旗營五門的鑰匙的是

將軍的近衛，迎紫門的鑰匙歸正黃旗管。而杭州城一共10個門，錢塘門為正黃，候潮門為正藍，鳳山門為鑲紅，清泰門為正藍，望江門為正白，清波門為鑲白，湧金門為鑲黃，這些「正經」的門都由八旗子弟把手著鑰匙和鎖，自然也由八旗子弟守護。倒是慶春門，以前外面都是菜地，臭氣熏天，則由漢軍掌管，後來漢軍裁撤，仍舊歸八旗掌管。

在旗營建成的過程當中，民族矛盾始終不停歇。建成旗營，光安排八旗子弟兵就要安排5000人，另外還有家眷之類，占地數千畝，就要圈地。作為統治階層的滿族因為掌握話語權，就用了「強拆」的辦法，逼迫近萬戶居民遷走，而八旗兵丁的家屬和大小官員都遷居在城裡。當時朝廷的規定是滿人圈用漢人的土地要用別的土地調換，或者給予補償，但是當時執行者搞了「野蠻拆遷」，不僅沒有按規定辦事，還讓圈定地區內的居民限期搬遷，這樣就導致很多人流離失所。

清朝開國以來，派往各省駐防的旗兵本來都是不允許攜帶家眷的，一旦朝廷有事，可以隨時把這些旗兵調回來，可是如果一個王朝超過幾十年沒事，士兵們的生活、家庭以及繁衍就成了新的問題。當時又是洪承疇的建議，允許常年駐紮在外的旗兵攜帶家眷同住。結果「滿城」的旗兵一代代繁衍。

## ▍「民族」矛盾在民間貫穿始終

儘管旗兵營建立起來才幾年，但是周圍的人安定下來則一共需要五六十年。而且圈占的地，地稅還照收，這樣無疑是增加了當地人的負擔，所以造成不滿也在所難免。直到康熙中葉，地稅才得到豁免。這種「種族矛盾」，牽涉了幾代人的利益，也自然造就了幾代人的不公甚至仇恨。民族仇恨與矛盾不限於此，而是一直存在著，發生著，也焦灼著。

旗人從出生到死，都有俸祿養其終身。不僅因為其剝削者的身分而造成了民族的對立情緒，還有很多奇怪的生活習慣和傳統，讓滿人和漢人之間的文化傳統始終不能相容。

## 中外歷史上朝代更替的秘辛
清朝的奴隸制度與八旗

比如滿人喜歡吃特殊的補品，秋冬要吃洋蟲，這些蟲子要用胡桃肉、桂圓、蓮子等餵養，夏天要吃癩蛤蟆，嚴冬的時候每天都要吃幾個活蠍子。

比如漢人供奉的多是觀音菩薩、如來佛祖，但是滿人從東北那裡帶來的傳統是，供奉的大仙神位有狐狸、黃鼠狼之類，大部分旗人都信奉狐狸。

又如宗教，漢人信奉的是佛教、道教之類，迷戀一些來生或者長生不老的「信仰」和心理寄託，但是滿人信的是薩滿，漢人做法事一般是唸經燒符，而滿人就是跳大神了。當然，有趣的是，滿人也會迷戀漢人的宗教，比如無論宮廷還是民間，從乾隆皇帝到普通人，都迷信和供奉「關二爺」。但是，全城甚至全國仍舊在「異族統治」的氛圍裡。

至於林則徐禁煙為什麼不能成功，是因為八旗子弟飽食終日，無所事事，而鴉片煙又是極好的「享樂」的路徑，這種樂趣就像現在很多忽然出了名的明星或者暴發戶迷戀毒品一樣，吸上一口就能過上賽神仙的生活，全國上下無所事事又有錢消費的人，自然會迷戀這種奢侈品。比如杭州將軍瑞徵每天都是下午一兩點才起床，他的大煙膏都是用人參煮的。至於此處人參是否真的有效，那就不知道了。

極大部分旗人貴族子弟的生活基本上都在消磨時間，而消磨的方式主要是抽煙、賭博、唱戲、養馬、養鳥、鬥蟋蟀。旗人對鴉片愛之如命，上到王公貴族，下到兵丁走卒、老弱婦孺，大部分都抽鴉片，不抽的是極少數。一般都是從童年的時候就染上煙癮，在他們看來，鴉片和吃鹽喝茶一樣是人生必須。

而滿城的建立就是清朝的「拆遷」，折騰了上百年。

有意思的是，原本這些八旗駐防的目的是為了建立軍隊管理，理論上應該選擇關塞險境才好，但是他們卻選擇風景、交通最好的地界。以杭州為例，杭州的滿城選擇湖濱一帶，當時的總督張存仁、巡撫蕭啟元都是漢人，他們選擇湖濱地區，充滿著桃花流水、楊柳樓台，讓文人流連詠嘆、「玩物喪志」的地方，或許是為了拍清朝貴族的馬屁，也可能是清朝得了天下之後，刀槍入庫，作為「統治階層」的將軍們強烈要求要這樣風景秀麗、宜人生活的地

方。但是多年之後，卻成就了一個傳說，說這是張存仁、蕭啟元等漢人官僚早在百年前刨下的大坑。

這些兵營的建造地都沒有選擇適合「軍事」思維的高地，比如吳山鳳凰山等，而把旗兵圈在其中，結果，他們養尊處優，縱情享樂。不曾想，在歷史的風雲變幻中從來都沒有永垂不朽。多年之後，戰事迭起，享樂的八旗子弟就要為祖上的圈地與掠奪買單。因為這種沒有軍事上的防患意識建造起來的兵營，不僅消滅了八旗子弟的志氣，也沒有占據地利的優勢，一旦真有事，其軍營布局會讓旗營軍隊如甕中之鱉。

當時兩位漢人官員是否真有此想法就不得而知，但是到了太平天國時期，太平軍攻克杭州，就是先占領城南高地，然後俯擊全城，防營清兵全部被輕而易舉地消滅，連府臺王有齡、將軍瑞昌也都死於戰爭。之後的辛亥革命，革命軍也是占據城隍山高地，架炮俯擊旗營，八旗軍也是不戰而敗。

到了清朝後期，一切都在變化，所謂的「禮崩樂壞」。其中最重要的變化是當年從白山黑水一路打過來，以驍勇善戰著稱的八旗兵成了廢物和社會的瘡癬。白天管門的不是在家賭博就是上茶館坐酒店，夜間就算是已經上鎖了，招呼一聲也就幫忙開門。至於衙門裡幾十個人，說是專門負責警衛，其實也是天天抽煙賭博，什麼事都不管，將軍出門，除轎班、儀仗隊之外還要跟上一批助手，滿語叫做戈什哈的，鳴鑼喝道也是主要嚇唬漢人老百姓。至於原本「馬上得天下」的威風，會騎馬的已經沒幾個了，就算是養了馬，也頂多是供將軍大員玩玩而已。本來有個傳統是每年秋天還要檢閱一次騎射，到了清末，也就是挑選幾個精於騎射的人去表演一番。

以杭州為例，辛亥革命之前，杭州最後一任將軍是瑞徵，此人為清朝貴族——此人的升遷與政治前景歸宗人府管。

「宗人府」，是個奇怪的名稱，我們在電視和電影中經常聽到的一個機構，它是一個官僚機構，但是這個官僚結構卻並不和大部分普通人發生關聯，在清朝，這是滿族人內部的官僚機構，負責的是皇家宗室事務的機構。比如端華、肅順等人掌管皇帝九族的宗族名冊，按時撰寫帝王族譜，記錄宗室子

## 中外歷史上朝代更替的秘辛
### 清朝的奴隸制度與八旗

女嫡庶、名字、封號、世襲爵位、宗室陳述請求，圈禁罪犯及教育宗室子弟等宗族內部事情。

至於子弟的教育，旗人16歲成丁，有世爵的旗人可以到宗人府深造。《紅樓夢》中，林黛玉的父親林如海祖上是有世爵的，但是到了林如海這一代，就沒有了世爵，林如海只好透過科舉考試晉身官僚隊伍。清朝承襲世爵的方式是降級承襲，比如親王爵到了下一代就變成了郡王，郡王到了下一代就是貝勒……這樣的爵位承襲制度，皇家開枝散葉過了幾代，就產生了無數的平民，龍有九子，各有不同，成王敗寇，從這個角度講，在明清兩代，如果上溯五代是皇族，那麼此人也是平民無異——只是他不是漢人的平民，而是旗人的平民，國有平民。

旗人中也有三六九等，下等的旗人人數也比較多，比如太平軍攻陷杭州之後，杭州的旗營被摧毀，八旗子弟也損失嚴重，只有從青州、德州、福州、荊州、成都等地把當地的八旗子弟兵丁調防來到杭州，這些調防來的八旗子弟都不是宗人府貴族後裔，有功勳世爵的很少，當兵成為一種生來就可以選擇的職業，是一個鐵飯碗。所以，一般靠世祿口糧生活的人，生活都比較清苦，成年人每人每月五六兩銀子，小孩和婦女口糧減半，每月都由藩庫撥給將軍署按戶按口發放，各旗也就推一個人去領，領下來再按戶轉發。

寧夏滿城的設立是因為寧夏為甘肅北路軍的重地，所以就把騎兵布置在這裡，寧夏的滿城建築在距寧夏舊城西5000公尺的地方，與寧夏舊城遙遙相對，為了監視寧夏舊城以及其他各民族對當時清政府的反抗行為。

寧夏滿城中設滿城將軍一人，滿城中的旗兵大都由東北、北京一帶調往駐防的八旗旗兵，辛亥革命前期，寧夏的滿城將軍是常連。民國之後，滿城和漢城之間的鴻溝漸漸消失，兩城的居民才有往來。

但是「種族革命」仍舊是辛亥革命的重要任務，以至於攻下一個城市就叫「光復」，而攻打一個城市的時候，首先考慮的攻擊對象是「滿城」。

武昌起義後，陝西民軍也相應起義，張鳳翽攻克了西安的滿城，原因是當時西安滿城的駐防旗兵曾經有炮擊市民學生的事情發生，因此西安滿城駐

防旗兵大部分被殺。風聲傳到寧夏滿城後不久，寧夏滿城就被圍攻，當時圍攻寧夏的是自稱革命軍的哥老會組織和部分當地民軍，因為寧夏滿城接受了西安、阿城被屠殺的教訓，所以寧夏滿城內的士兵都有與革命軍拚死一戰，與滿城共存亡的勁頭。加上當時寧夏滿城士兵比較年輕強壯，囤積的糧草尚可。當時哥老會與民軍反而後勁不足，於是放棄攻打滿城，去打「舊城」，從「舊城」獲得了大量補給之後又想回頭攻打滿城，結果，陝甘總督長庚派人馳援寧夏，哥老會與民軍被迫撤退到川陝交界。寧夏滿城之圍因此解決。

1922年，端郡王載漪到寧夏之後，想去看看滿城的情況，結果，因為辛亥革命之後，城中的軍械、糧草、馬匹以及公私財物都被國民政府的軍隊沒收，滿城旗兵的兩項來源斷絕，旗兵都無一技之長，只能賣苦力，家屬自然是拖後腿的，因此滿城內家家生活困苦。

涼州滿城比寧夏滿城的情況更糟糕，涼州地域是盛產鴉片煙土的地方，涼州土著無論男女老幼都抽鴉片，駐防的滿城八旗兵也都有喜食鴉片的嗜好。辛亥革命後不久，涼州的民軍起事，涼州滿城被圍，當時坐鎮滿城的旗兵自知不敵，就出城繳械投降，於是涼州滿城的全部財產、軍械糧草、給養財物都被民軍沒收。民軍一撤，生計全無，連涼州將軍都不知去向，直到民國後的十多個年頭，仍舊沒有人干預涼州滿城的管理，有的人還拆城磚，準備到漢城去賣。滿城的房屋和木料都被拆空了，拆完房子後只好把子女帶到大縣城去賣，用以餬口。

電視劇《甄嬛傳》中，安陵容的出身較差，其父親是個七品芝麻官——知縣，但是最後封為鸝妃。先放下滿漢不通婚這個傳統不講，在正史中也有皇族有關通婚的倡議，但是這種通婚也就是納漢人的女兒進後宮，職位最高也是答應之類，沒有進入到妃子這個級別的。所以假設安陵容是滿族或者蒙古族，就會遇到另一個問題，在雍正朝，八旗子弟是有俸祿的，安陵容的爹做小生意，屬於違反祖制的做法。

據說這是當年的漢奸洪承疇的策略，讓漢人養旗人，旗人做官吃俸祿，當兵的吃兵糧，就是不能從事生產，尤其不能經營工商業，這種做法，在洪承疇的時代，看上去是將旗人地位抬高，讓漢人做奴隸的一種方式；但是歷

## 中外歷史上朝代更替的秘辛
### 清朝的奴隸制度與八旗

史本來就是風水輪流轉的，清朝200多年之後，這種制度造就的是百無一用的寄生階層，這個寄生階層的寄生策略不僅激化了矛盾，還埋葬了自己。

到了清末，不少駐防在外地的旗人生活困難，僅僅靠俸祿已經無法養活家小，所以更多的人開始自謀生路，比如養雞養鴨的，或者想辦法偷偷託漢人做小生意的，有最後搬到鄉下去改行做農民的，也有做小生意或者流落街頭的，也有相當一部分人，不再號稱自己是旗人，改頭換面，換個漢人的姓氏，冒充漢人生活的。

滿城裡的人謀生的地方竟然選擇了漢城，剩下的老弱病殘總數不到原來的十分之三，又長期染上了鴉片的嗜好，即使政府撥給土地，也沒有勞動力；官府無奈，只好發放糧食，怎奈很多人拿到糧食之後的第一件事是去換鴉片煙。

辛亥革命時，起義的新軍首先考慮要做的事，除了搶占火藥庫之外，就是進滿城殺人。端方於1911年在四川資州被新軍殺死，頭顱被割下送到武昌，城中的滿人成為受害對象。最先發難的工程營在起事之前公議「禁令十條」，其中即有「勾結滿人者斬」「私藏旗人者斬」兩條。

起義爆發後，測繪學堂的革命學生曾試圖殺死日夜共處的同學松景，因為他是「旗籍」，後被人阻止。據第三十標（標相當於團）的革命士兵魯祖軫回憶，當時他們所在標各棚都有一兩名旗籍清兵，革命前已分配解決方案。

武昌原本不是八旗駐防地，從1904年起，在湖廣總督及荊州將軍的安排下，荊州旗兵被輪派到湖北新軍中受訓（比例約為1/10），這些旗兵主要集中在第八鎮第三十步兵標（團），其中第一營中的兩個隊（每營共四隊，每隊大概150人）和第二、三營的各一個隊，大概一個營的兵力為旗兵構成，他們的統領也是旗人。第三十一標也有一個隊的旗兵，另外大概還有四分之一（大概250人）的旗兵，總數約800餘人，分布在其他部隊或軍事學堂。革命軍的祕密組織活動都避開他們，而他們因為不在同一陣營，大多數人都被殺害了。

## 「民族」矛盾在民間貫穿始終

　　1911年10月10日，辛亥革命爆發，武昌城裡，四大滿姓家族（扎、包、鐵、布）均被殺害，八旗會館也被完全摧毀。革命黨人只要是捉到旗兵，不是就地殺掉，就是送到革命軍政府槍斃，很少有倖存下來的。直到首義成功三天之後，軍政府下了命令，捕殺才停止。

　　武昌起義的領導者之一熊秉坤曾回憶說，10月12日的反滿暴力達到了頂峰，以至於一百多名紳商聯合起來，一致要求湖北軍政府阻止其士兵進入民宅搜索旗人，但軍政府卻以軍事需要為藉口拒絕了，直到駐漢口的11名外國領事出面干涉，軍政府才於13日下令停止這種殺戮。

　　一名路透社的記者10月14日來到武昌，「發現到處都是滿人屍體」，他估計有八百人被殺。一名軍政府的代表則在巡視武昌後估計有四五百名旗人在起義後的前三天被殺。

　　對旗人的屠殺最嚴重的是陝西西安。西安的旗人大概有2萬多人，在革命軍攻打了一天一夜後，西安滿城被攻破，城內的所有居民都被視為復仇對象，據一位名叫J.C.凱特的英國傳教士事後的調查，「無論長幼，男女，甚至小孩子，都同樣被殺……房子被燒光搶光」。

　　這種做法其實是複製了250多年前的「揚州十日」「嘉定三屠」。在當時人的概念裡，這是「種族復仇」，所以革命軍拿下一座城市，才會說是「光復」。

　　而事實上，「民族仇恨」早已積累了幾百年，而復仇的計劃也醞釀了幾十年。

## 中外歷史上朝代更替的秘辛
滿族姓名趣談

# 滿族姓名趣談

文／蘇布谷

《水滸傳》中，武松醉打蔣門神，純粹找碴，問：你為何不姓李？似乎姓了個不討人喜歡的姓便是被打的理由。清人張潮在《幽夢影》裡也說到，有的姓聽起來就讓人舒服，比如林、喬、白、蘇、華，這樣的姓氏就很有美感，而有的姓味道就不太對，比如蔣、焦、毛、賴。林語堂接著論述說，《紅樓夢》中有關的姓氏也是有一定的美學上的合理性的，比如林妹妹姓林，便是嬌弱才情的形象，而看門人焦大就是粗魯的、罵人被滿嘴塞糞的形象。

如果林妹妹姓焦，純粹從文字感覺上，似乎就差那麼點意思。

姓氏不僅有自己的味道，還都有自己的歷史——味道和歷史混為一體。中國的姓氏如此，外國的也如此。電影《哈比人》中，索林‧橡木盾因為使用橡木的盾牌而有了「姓氏」，這個橡木盾是他的標籤。其實很多的姓氏來源都是這樣，很多姓氏都有自己的歷史故事，比如好萊塢老戲骨摩根‧費里曼，他是黑人，他的姓氏是 Freeman，也就是自由人。眾所周知，美洲有一部販賣黑人為奴的血淚史，從他的姓氏中可以推斷，他的祖上應該是較早的一批自由人。

中國人的姓氏也有自己的來源，比如林姓都追溯到比干，說是比干被殺，家人逃到樹林，以林為姓。文王分封天下之後才出現了很多姓氏，此前，姬昌的姓氏為姬，則和地名有關。若真有心推敲，很多姓氏，無論中外，多少和歷史相關。伊斯威特（Eastwood）這個名字的來源應該與東部叢林有關，就像日本人名字中的松下幸之助的祖上與松有關，藤原紀香的祖上多少與藤有關一樣。

中國武俠小說，為了反映亂世中的人性和故事，便起很多現在看來不太常見的姓，比如歐陽鋒、東方不敗、任我行。滿滿的武俠氣質，與其設置特定的歷史背景有關。金庸好幾部小說設置的歷史背景是宋朝和周邊國家戰爭

### 滿族姓名趣談

與動亂的環境，金國、蒙古、契丹和漢人紛爭的亂世，自然會出現一些非漢族的姓氏。

完顏氏、耶律氏雖然在這些人自己的境內是皇族的姓氏，但在當時的中原人眼中，卻是「異族」。在民族大融合的環境中，少數民族也保持了與漢人的習慣和文化上的「大一統」。金國滅亡後，完顏氏改為顏、王、符、汪、完、顧；而耶律後來也漸漸改成葉或者呂之類的漢姓了。

令狐沖姓令狐，原本也是很普遍的姓。春秋時期晉國君主給周文王後裔的封地叫令狐，在今天的山西臨猗，但是因為不太像中原漢人的姓，最終都按照漢人的傳統，很多都改成胡姓、狐姓或者令姓了。

電視劇《甄嬛傳》中，孫儷扮演的甄嬛在甘露寺出家，經過一番糾葛與曲折，又重新獲得皇上的歡心。皇上為接甄嬛回宮，她給皇上一個冠冕堂皇的理由：懷孕了；皇上則給她一個富麗堂皇的身分：抬旗，把她抬進上三旗，而且還賜給她一個更貴重的姓——鈕祜祿氏，她搖身一變，變成鈕祜祿．甄嬛。

鈕祜祿氏，也寫作「鈕祜魯氏」，在滿語中是狼的意思，這個部族主要活動在松花江流域、牡丹江流域、長白山區。狼是滿族先世女真的圖騰之一，出於對狼的崇拜，以狼作為姓氏。

現在想來，娘娘換了個更貴重的姓，結果姓狼，倒是有趣。不過也不甚稀奇，畢竟老外也有姓 Wolf、Fox 的，Wolf 家族還有不少比較有名的演員呢；中國國內的漢族人也有很多姓牛、馬的，也有不少是有名氣的演員。

康熙的皇后是赫舍里氏，因此電視劇《康熙王朝》中，斯琴高娃演的孝莊一直管她叫赫舍里，這個不一定對。赫舍里很可能是一條河的名字，就像黃帝與黃河密切相關一樣，河流的名字漸漸演變成在河附近生活的部族的姓氏，因此婆婆如果叫皇后為赫舍里，大概相當於現代生活中，上海婆婆遇到山東兒媳婦，直接喊對方為「山東的」。

同樣，該劇中管納蘭明珠叫明相，也是不對的，其實人家就叫納蘭明珠，是葉赫那拉氏，納蘭同那拉，是音譯詞，有「好」和「愛」的意思，而明珠又譯為穆麟德（Mingju）。

電視劇《甄嬛傳》對於姓氏的處理更謹慎一些，編劇是做了一定的功課的。富察貴人教唆齊妃掌摑甄嬛，最後在甄嬛復出之後被嚇瘋。富察也是滿族大姓，來源於唐末女真「通用三十姓」之一蒲察。金舊姓「蒲察」，因地名而成姓。

至於皇后，動不動把「烏拉那拉氏的榮耀」掛在嘴邊，烏拉那拉氏，又譯烏喇那拉氏，原是明末海西女真四部之一烏拉部的王族姓氏，烏拉是沿江的意思，而那拉有愛、好的意思，這樣，烏拉那拉的姓氏來源大概可以理解為一個「沿江擁有美好生活的部族」。如果說漢族人的生活哲學可以表達為晴耕雨讀、老婆孩子熱炕頭的話，遊牧民族的生活期待就是有水有草有太陽。烏拉那拉、葉赫那拉這種因為河流而成為部族名，又由部族名變成姓氏的文字，則表達出本族人的生活環境和情感。其他人，只要有人知道她的姓氏（部族名字），就知道她來自哪裡。

烏拉那拉氏有一位女子叫阿巴亥，是多爾袞的生母，12歲便嫁給了努爾哈赤，阿巴亥的名字是「老天爺」的意思，電影《狼圖騰》裡多次提到的「長生天」，在滿語裡就是阿巴亥。所以從這名字中可以看出，這是來自一個沿江的部族，名叫「老天爺」的女孩。這種名字的來源和意義和美國移民環境中的名字有點像，有經驗的人，或者故意吐露訊息的影視劇，就會透過一個人的名字得知這個人是來自愛爾蘭還是希臘，是猶太人還是俄羅斯人，來自南方還是北方。

遊牧民族眼中，太陽、江河湖泊、草原，甚至野豬、狼都是極好的東西，可以用來作為姓氏或者起名字，就像漢族人把富貴、如意、有財作為名字一樣。除了烏拉那拉和河流有關，還有一個姓也和河流有關，那便是葉赫那拉。葉赫是河流名，現在吉林還有葉赫河，所以逐水而居的遊牧民族因為在葉赫河附近生活而形成了部族，建設了家園，這個部族便是葉赫部。

## 中外歷史上朝代更替的秘辛
### 滿族姓名趣談

皇族姓氏愛新覺羅，愛新是金的意思，覺羅則是地名，大概在黑龍江依蘭附近。這名字的意思大概是「金子一般的覺羅」或者「有金子的覺羅」，充滿了對生活環境的自豪感。

電視劇《康熙大帝》中，有位蘇麻喇姑，有時候也譯作「蘇茉兒」，她的名字是「半大口袋」的意思，這種起名方式和漢族人起名為「二柱子」很是近似。可見，起名字和生活方式有密切的關係。我小時候有個夥伴親戚家的孩子乳名就叫「箱子」，大了之後改名為「湘紫」，大概只有家人知道這名字的真實意思了。

漢族人給小孩起名為牛牛、土豆，遊牧民族的人則給小孩起名野豬皮、狍子皮，比如努爾哈赤（又可譯作奴可齊）名字的意思就是野豬皮。舒爾哈齊（又可譯作舒爾哈）是「小野豬皮」，雅爾哈齊的意思則為「豹皮」。

因為遊牧民族喜歡以小孩所穿之某種獸皮衣的衣服為名字。可以合理想像，家長打回一隻野豬，所以大孩子有衣服穿了，然後他的名字就是野豬皮；又打回一隻豹子，另一個孩子有衣服穿的同時也有了名字，反正孩子多，這麼區分，孩子和家長都很容易記得，聽這些名字就能想像出遊牧民族孩子們那種健碩又髒兮兮的樣子。

當然，滿族人也不能只靠衣服區別孩子，還有其他物品比如動物，就像努爾哈赤的第十四子多爾袞，即 Dorgon，意為獾。其侄阿敏之子固爾瑪渾，即 Guul-mahuun，意為兔子。

除了這些純粹滿語的姓名之外，還有一些名字的來源更體現了民族的融合，比如佟佳氏，這種起名的方式在電視劇《甄嬛傳》裡也有提到，面對甄嬛改姓，皇后的意見是，在原來的姓氏後面加個「佳」字就可以了。這個地方編劇也做了功課，在某個漢族姓氏後面加個「佳」，是漢人入旗籍的定名方式。

對於一部龐大的架空的電視劇的改編，有點顧頭不顧尾也是正常——因為清朝規定，只有旗人（可以是漢軍旗）的女兒才可以入選後宮，換言之，甄嬛在出現的時候就已經是在旗的人才對。

佟佳是現在遼寧省新賓縣的一個地名。明代遼東軍制，對世襲的武職給一定的土地讓他「屯民生養教訓」，而佟佳地為佟氏封地，所以這片地方的人因此就有佟姓。後來佟養性、佟養真（原名佟養正，避雍正諱，把名字裡的正改成真了）投降後金，分別入鑲黃旗、正藍旗，就有了佟佳氏這個姓氏，其實算起來祖上倒是漢人。佳字是為了說明此姓人加入旗籍。

　　「大清」這個詞，並不是漢語裡「清」的意思，與清澈、清明沒有任何關係，其滿文寫 Daicing，來源於蒙語詞 Daicin，是「善戰」的意思，所以不必強調「我大清是善戰的民族」，只說大清是善戰的意思，我們以「善戰」為國名，那就必須驍勇才好。

　　好久以前，看過一段紀錄片，臺灣著名詩人席慕蓉輾轉中終於回到了蒙古草原，寫出《父親的草原母親的河》這樣的詩：

父親曾經形容草原的清香

讓他在天涯海角也從不能相忘

母親總愛描繪那大河浩蕩

奔流在蒙古高原我遙遠的家鄉……

　　電視片中，她回憶起父親的鄉愁，她的父親曾是蒙古的一位王子——某位部族的首領的兒子，後來到了臺灣。在席慕蓉的回憶裡，她的父親有一天路過一塊剪草的草坪，感嘆說：這個多像家鄉草原的味道啊！

　　可以想像，進入北京，以及因為駐防的需要而分散到全國各地包括廣州的滿族人，也許某一天，在吃著蠍子，看著女人沒裹過的大腳的時候，忽然就鄉愁爆發。畢竟，對於新的一代，不會用母語，沒有見過父輩的生活環境，只保留一些原來民族的習慣，在老一輩或者這些生活痕跡的渲染下，多少也可以有一些鄉愁。畢竟，這些人從遙遠荒寒的草原、高嶺，帶著自己的姓氏，姓氏中滿滿都是故鄉的河流、太陽、動物甚至生活習慣，到離家上百上千里之外的北京定都，就算不提與當地民風是否能相處融洽，光是回憶祖輩生活的環境，加上入關之後也有了讀書的習慣，說不定會恍惚中「夢裡不知身是客」呢。

## 滿族姓名趣談

辛亥革命時，革命軍打下一座城市都稱之為「光復」，即回到自己人手中，儘管「善戰朝」統治中國260年，從這個詞彙的運用中可以感受到，在漢族人眼中，這個統治者還是「外族」。而有記錄的武昌等城市，革命黨和革命軍的戰鬥重點除了搶占火藥庫之外，就是攻占滿城，甚至有的地方出現屠殺滿城的情況，在他們看來，這等於是「屠殺外族」的行為。還是和種族仇殺有關。屠殺過後，滿族人失去了生活支撐，姓氏甚至是旗人的身分已經弊大於利了，很多滿族人開始改姓了。比如愛新覺羅中有人改姓為金或者羅，佟佳氏則有人改為佟或者童，富察氏則改為傅或者富，瓜爾佳氏則改為關、白、汪等，葉赫族則改為葉等姓氏。

最近幾年忽然又流行起與「善戰」的皇族攀親了，又有一部分人把名字改回去了，但是改名字的人多少還是很勢利的，畢竟沒有改回去叫野豬皮什麼的了。

# ▍清末諜報裡的化名

曾國藩、李鴻章、張之洞、左宗棠，這些曾經顯赫一時的大員一直都沒有在帝國權力核心——北京長期待著，反而願意跑得遠遠的。李鴻章曾經因為慈禧想把他留在北京而忐忑不安，最後走了李蓮英的後門，由李蓮英裝作無意中說項，把他「發配」出去。

因為權力中心向來危險至極，除了紫禁城裡各種明爭暗鬥之外，北京城裡各路王公和漢臣之間也暗潮洶湧，在政治漩渦中隨時都有拿不準方向的可能；二則，天高皇帝遠的地方可以遠離政治漩渦，才可以安心辦事。

處江湖之遠仍舊要保持耳聰目明，最好的辦法是讓信得過、靠得住的親信在京城結交和打點，這些人可能是學生，可能是幕僚，也可能是親屬，這些人便是他們的「駐京辦」，不僅是諜報官，也是代理人。

1900～1911年間，正好是清政府大廈將傾的階段，政局朝夕不同，各方勢力洶湧澎湃，與舊時的八百里加急快騎傳遞書信不同，到了清末，電報成為重要的通訊工具。盛宣懷與諜報官們的通信記錄一方面記錄了國家變遷，

另一方面也反映了諜報官們的工作和生活。這種情報幕僚向來是帝國政治和資訊系統一個不可或缺的環節——放在現在來看，這也是駐京辦的重要功能之一。其實不僅是盛宣懷，封疆大吏包括李鴻章和左宗棠都有自己專用的諜報隊伍，左宗棠的諜報人員包括胡雪巖。

這些諜報幕僚關注的是最新動向，最真切的資訊，最本質的問題，最核心的資料，以保證訊息無誤，給「老闆」以切實的判斷。

這些電報存在一定的涉密等級，加上中國人對名諱的顧及，以及長期的習慣，現在解讀這些電報首先要進行一場猜謎遊戲：一邊分析發生了什麼事，一邊還要猜說的是哪些人。

陶湘，字蘭泉，號涉園，江蘇武進人，盛宣懷的老鄉，曾任蘆漢鐵路北處機器總廠總辦、蘆漢鐵路全路行車副監督等，1902年到北京，作為盛宣懷的心腹，他在1903～1906年間，專門打聽京城各種政治動向和內幕實情，彙報給盛宣懷，讓盛宣懷雖處江湖之遠，也對京中事體瞭如指掌。

1903年7月，陶湘彙報朝內局勢的一則電報，涉及很多人，都用了化名：

商部創始各情，毋庸贅述。近聞章程已議，行將開辦，外間揣度紛紛，實則子胥侍郎，曾出慶邸之口。曲江，無論如何報效，決不能驟登卿貳，前有差委字樣，大約續有報效，即實授左丞。純陽尚書，固亦揣度。不過商約乃商部之由，議約酬勛，將在商部如純陽為尚書，子胥為侍郎，則左侍一缺，舍宮保其誰哉？

此信說的是光緒二十九年（1903年）七月清廷成立商部時的各方反應。此文中的宮保即盛宣懷本人，因其為郵傳部尚書，晉封宮保，所以以宮保或者盛宮保稱他。

信中出現的人物有子胥、慶邸、曲江、純陽等人事任命事宜。子胥說的是伍廷芳倒是可以理解，以姓做代稱；慶邸為慶親王算是簡稱；曲江說的是張蔭棠，後來他是外務部左丞，這個代號的來源是，唐代的張九齡是韶州曲江人，被稱為曲江先生；而純陽，則是呂海寰，因為呂洞賓號純陽，而他姓呂，因此拿純陽作為他的代號。

## 中外歷史上朝代更替的秘辛
### 滿族姓名趣談

這些化名的來源一般都與姓氏有關，還有一些與故鄉有關，比如翁同龢是常熟人，就叫翁常熟；鹿傳霖是定興人，就叫他定興；王文韶是浙江仁和人，就叫他仁和；孫家鼐是安徽壽州人，就叫他壽州或者壽州相國之類。有時候不同的人在不同的地方也會用同一個名字，比如趙爾巽和趙秉均在不同的文件中都被稱為天水（趙氏郡望）；同樣，一個人在不同的時候也會有不同的代號，具體某一個文件中某一個化名，則要看文件的祕密程度以及具體情況來定。

但是，人名也不見得一定按這個邏輯能猜出來，比如從內廷傳出的最高權力中心的動向的電報中說：

三藏上年正月十八日奉慈諭：「外部事應由汝當家，好好辦事」退告軍機。軍機繼進亦云然。於是外部之事必三藏畫諾後方定（此當時不知，近始聞知）。所以，三藏聲華卓越，意氣如虹，誠非無因。琴公素來圓到，處處遷就。鷺公垂暮之年又受享中國日久，亦特別與三藏通融。

本信件中涉及的所有人名都用代號，不同信件涉及的同一個人起的代號未必相同。首先要說到重點：所謂奉慈諭是指由慈禧太后交代的事情，交代的核心是外事部由汝當家。外事部是清末專門設立用來處理外務事件的部門，1907年，唐紹儀由慈禧太后授意，負責外事部。所以唐紹儀「聲華卓越，意氣如虹，誠非無因」，其他人物則是琴公和鷺公，鷺公指的是赫德，赫德原名 Robert Hart，鷺取其音譯用字。

三藏這一代號的取名方式是與姓氏有關，唐紹儀姓唐，於是以唐僧的號代指他。這種信件，只有政治圈子裡對所有人情況瞭如指掌的人才能看得懂猜得出。

諜報官還要承擔起探聽虛實、澄清謠言的工作，比如1906年9月的電報中就寫道：「內中照常，外間謠傳亦屬事出有因。蓋上年炸藥後，慈聖防意如城，上則坦然。因此□（作者註：原文缺）黨人或已布散之側，於是穆左右無不特別慎選嚴察。此際則大起謠言，今則又平矣。」

即告訴之前某事實為謠言，而謠言之起也是事出有因，以至於現在的情況是「防意如城」，而穆則要慎選嚴察，此處的穆指的是光緒帝，詞彙來源是《周禮・春官・小宗伯》鄭玄註：「父曰昭，子曰穆。」昭穆是宗廟和墓地的排序規則，乾隆以後，清帝是昭穆次序隔代埋葬。因前面涉及的是「慈聖」，光緒為嗣子，因此，此處說的是光緒的狀態。舊時讀書人博覽群書的價值，用到起綽號、寫祕信上也是技高一籌的。

徐錫麟起義之後，巡撫恩銘被刺，朝野震動，這樣重大的事件，諜報官也有相應的影響。因為宮中必然有動靜，「或謂因革命黨事或謂因陸軍事，或謂某邸進樞密曾有不滿之言？更有謠言，慈聖面斥……皖事出後，痛哭，從此心灰意懶，得樂且樂」。

總之，本來慈禧太后還「面斥某邸」，而聽聞起義事後，變得「心灰意懶得樂且樂」。某邸即某府，清朝，只有王公大臣才可以稱為府，此處說的肯定是一位王爺，而進樞密，聯繫起來，此處指的是慶親王奕劻。

對於這一事件有重大影響的還有袁世凱，同一封郵件中，說：「項城自聞挽撫事，幾為之悸，於是而病，二九具折請病，上賞假一個月。」督撫請假一個月既係告退牌子，可見徐錫麟事件導致袁世凱差點離任，這個信號則早早地被這些諜報官看到並且通報了各自的主人。

除了最核心領導層，即紫禁城中的太后和皇帝的人事任免對象之外，他們還關注上層人事任免，太監的權勢動盪情況，王侯家的私事，權力變更情況，外省重大事件在朝中的影響，以及己方勢力的情況與他人的評價等。

比如，就有一封電報專門彙報內廷太監的動向：

青蓮現已退居宮外，一切皆由崔子接辦。外間傳說不一，或謂青蓮此舉實為自全地步，或謂大幹慈怒，或謂宮內亦有京察……青蓮進諫大幹上怒，立即斥退，青蓮從此聲名大起等屏語。青蓮則借此告老閒居……

此信所言重點是李蓮英失勢後退隱以保全自己，慈禧身邊另一太監走上行路線。失勢的原因說法不一，可能是惹怒了皇上，也可能是惹怒了太后，總之，謠言四起，而李蓮英本人需告老閒居以自保。

### 中外歷史上朝代更替的秘辛
滿族姓名趣談

此處不道真人姓名,但因進諫惹皇上大怒並被立刻斥退的,又起名為青蓮的該姓李,李白號青蓮居士,所以拿青蓮一名套在李蓮英頭上也算是一種猜謎遊戲。可見,無論某人姓名用隱語還是所有郵件中隱語的使用方法和猜謎邏輯,都是約定俗成的固定文化,大家共同遵守的邏輯。

而對太監的關注,也不僅在於其在宮內的地位升遷變化,以方便走後門抱大腿,更著重於其人的各種動向。

盛宣懷本人也從太監處有所受益,1904年8月,陶湘致盛宣懷信中說:

鈞處眷顧甚隆,近來每逢佳節必蒙賞賜,固可概見。然諺有之曰:「牡丹雖好,全仗綠葉扶持。」隴西曾言,鈞處非不簡在必有外廷贊助,方能展布。

李姓為隴西大族,此處隴西代指李蓮英,因此可見,清末的太監和朝臣都有來往,已經打破清初關於太監不許干政的硬性規定,為此1907年3月的盛宣懷要求陶湘給李蓮英送禮再次輔證了這一點:

「青蓮去年曾送我水煙袋兩支,雖不值錢,亦是應酬。然細想竟無物件可送,不得已定製大小水碗十二個,令劉、崔送去,以還其禮。」

大小水碗既是定製,就不可能是過於尋常的物件,比較可能的是銀碗。從中可以探知,除了交情來往之外,太監也從朝臣手中斂財,明明不值錢還要定製銀碗,在和太監交往中的準則就是不能讓太監覺得受到怠慢。而李蓮英也同借此種方式發家致富,其發家致富的情況自然也會被諜報官偵探到。諜報官監測出李蓮英經營錢莊等業務的情況:

「據說青公爐房甚多,辦此者必先用別名照經營例向爐房存息,起初存摺在本主之手,事後則存摺在業主之手,了無痕跡。」

青蓮是道家起名封號的方式,對於道家來說,爐房是煉長生不老丹藥所用,而此處爐房涉及存息事宜,可見首先是李蓮英的事情,其次則是與錢有關,毫無疑問,是關於李蓮英開辦錢莊的事情。在後宮之中歷練許多年的李蓮英開辦錢莊也自有保密方法,諜報官也莫之奈何。

除了關注太監之外，像攝政王的家庭生活和權臣的動靜，也是必須關注的內容。

盛宣懷的親侄子盛文頤也受命在京城，結交各方，獲取情報資訊。

比如 1904 年 9 月，盛文頤給盛宣懷的報告說：「天津某商欲與東洋人合股運辦蘆鹽，先許大均先生以空股，即由北洋咨報外商兩部，戶部竟未溶。」此處「大均先生」這一名字的猜謎遊戲就比較困難，因為涉及承諾乾股的事情，保密性也強，而起名方式和起名的邏輯外人則不見得能猜出來，必然是當下人都心知肚明的人，以固有的默契才能說得清楚。此處的默契是知道此人是誰，然後找一個有潛在邏輯的名字代指。只是在所有的起名中，這種外人毫不知情的事情的猜謎難度就高了起來。

但是如果告訴了答案，卻又難保不莞爾一笑。

首先，清朝有一種世襲封號是貝子，清初詩人屈大均字介子。介為貝類，因此大均先生首先是「貝子」，然後再在圈子裡找一個有關的貝子套進來，經過排查法，此處應為炙手可熱、貪財如命，又與朝臣關係甚深的慶親王奕劻之子載振。

如此說來，不僅起名方式說得通，還可以從中看到起名者對被起名者隱藏很深但卻偶爾顯露的蔑視。

而北洋指的是袁世凱，因為袁世凱是北洋大臣。晚清政局，袁世凱是不可能繞過的重要角色，盛宣懷的通信中多次提到他，但是每次提的名字並不一樣，有時候是北洋，有時候是本初，因為袁紹字本初，因此以袁紹代袁世凱，一是同姓，二是對袁世凱的評價中確有梟雄和軍閥的成分。

此外，盛宣懷還用「臥雪軒」這樣的代號指袁世凱。1906 年，陶湘給盛宣懷的函件裡談到盛宣懷辭去鐵路總公司督辦之後的各方反應：「解不開者仍在臥雪……至於臥雪宗旨，必使鈞處能安然潛伏而後已。倘有動作，彼必按之，防意甚嚴……此外，城北諸公均係隨波逐流矣。」

臥雪軒指的是袁世凱，起名的邏輯隱藏很深。《後漢書·袁安傳》記錄袁安臥雪，袁安是袁紹的高祖父，此人倒是正面形象。大暴雪後，別人都出

門行動就他一個人家裡躺著,原因是,「大雪人皆餓,不宜干人」。他促成汝南袁氏成為大族。城北則是指徐世昌,因為《戰國策・齊策》中有「吾與城北徐公孰美」一篇,城北即徐公,此處代指徐世昌。

　　當然袁世凱的動向一直牽動帝國的神經很多年,還有更多的代號比如項城、宮保等都指他。

# 羅馬與迦太基：雙雄沉浮記

文／石煒

　　當羅馬由於勞苦和主持公道而變得強大起來的時候，當那些強大的國王在戰爭中被制服的時候，當野蠻的部落和強大的民族被武力征服的時候，當羅馬統治的對手迦太基已被徹底摧毀，而羅馬在所有的海洋和陸地都通行無阻的時候，命運卻開始變得殘酷起來，把我們所有的事務攪得天翻地覆。那些能夠泰然自若地忍受勞苦和危險、焦慮和災難的人們卻發現，閒暇與財富對他們來說成了一種負擔和一種不幸。

　　這是一個讓我們既熟悉又陌生的國度。

　　它的悠久歷史和燦爛文化，足以和埃及文明、兩河流域文明、希臘文明相媲美。當後世聞名四海的羅馬尚在黑暗中摸索的時候，它的先民不僅在荒原上灌溉出了萬頃良田，還創建了一個光芒四射的強大國家。它的商品馳名世界，經過各種古老的商路，行銷到每一個角落。它的文化絢麗多姿，而且生命力特別頑強，當同樣絢麗的兩河流域文明、埃及文明、希臘文明相繼凋零之後，它仍高傲地引領著人類文化的發展。

　　直到有一天，腐敗開始像寄生蟲一樣腐蝕著它曾經健康的機體。選拔官吏的標準，不再是出眾的才華、廣博的學識，不再是良好的品行、高尚的節操，不再是人心的向背、群眾的呼聲，而是賄賂的多寡、私利集團的好惡。由這樣的人組成的官僚集團，使這個國家進一步淪入了世風日下的深淵。

　　在這裡，貪婪是官吏的良伴，巧取豪奪，橫徵暴斂，中飽私囊是他們唯一可供誇耀的政績；傾軋是統治者的競技，他們樂此不疲，朋比為奸，卻誰也不去關心權力爭奪之外的國家責任；麻木則是民眾的表達，處處無聲，卻勝似有聲。而以上這些匯聚成的僵化，則是老大共和國的不治之症。

　　垂垂老矣的它，面對新世界的變革，卻總想透過喊上兩句空洞的口號、拋撒出幾捧金銀，就能喚來奇蹟。今天如果奇蹟不來呢？那就又繼續抱守著

# 中外歷史上朝代更替的秘辛
## 羅馬與迦太基：雙雄沉浮記

昔日的光榮與傳統，以維護穩定的名義，在堆金迭銀的軟榻上伴著夕陽的斜輝昏昏睡去。

這就是腓尼基移民在北非建立的迦太基共和國。

它的統治中心在地中海南部的突尼西亞岬灣，隔著西西里島，與歐洲延伸進地中海的亞平寧半島遙相呼應。從大比例尺地圖上看，迦太基所處的位置剛好突出在地中海的中部，又恰似非洲大陸的王冠之珠，背靠當時北非的廣袤內陸，坐擁地中海的遼闊水面，而其地理位置優越還遠不僅此。

當波斯的幾代雄主鐵血遠征、小亞和中亞之時，連迦太基位於今天黎巴嫩的腓尼基故國泰爾也未能倖免，而早已與故國脫離了關係的迦太基不僅未受波及，反而在海上獲得了更多的發展空間；

當希波戰爭的烽火燃遍整個西亞與巴爾幹半島時，它離戰區的距離足夠遠到能置身事外、持續繁榮的程度；

當亞歷山大的馬其頓帝國征服世界時，它又因地處偏遠而躲過了一劫；

而當亞歷山大的帝國碎成了一堆堅硬的碎片，希臘和中東、埃及的諸多強國互相攻伐的時候，迦太基周邊卻是一片弱小者的叢林，靠著征服與恐嚇這些弱小者，它繼續坐擁著地中海的漁鹽之利。

沒有天敵的威脅，沒有物理和地理的障礙，經過幾百年的擴張與殖民，到西元前四世紀迦太基的領土幾乎囊括了一半的地中海沿岸，且多為物產豐饒之地：西班牙的貴重金屬、努米底亞的大理石和奴隸，西西里的羊毛、葡萄酒，科西嘉與薩丁尼亞島的穀物，無不成了滋養這個國家的血液。而構成國家骨幹的，則是地中海首屈一指的強大艦隊、兵精糧足的職業陸軍以及四通八達的貿易路線。

作為保護海上貿易的屏障，迦太基的五列槳戰艦，是當時世界上最先進的海上利器，這種槳帆混合的海上武器比起同時期希臘所裝備的三列槳戰艦，不僅艦體大、載人多，而且擁有良好的機動能力，再配上世界一流的水手和弓箭手，在當時幾乎無人能敵。200 至 300 艘這樣的大型戰艦，成了迦太基人領有制海權的傲人資本。

坐擁著天險和財富，日常生活中的迦太基人太忙了，忙著管理農莊，忙著調度奴隸，忙著結算匯兌，還要忙著海外的商貿活動和殖民開拓，以至於當兵打仗一類的雜事只能交給重金僱用的僱傭兵來承擔。而不差錢的共和國顯然也有足夠的財力，能在維持龐大艦隊的同時，還能換取世界一流軍隊的忠誠。天下聞名的希臘重裝步兵，迦太基能連兵帶將整團地引進，驍勇的努米底亞騎兵只有在迦太基服役才能得到理想的年薪。此外，高盧的長劍手、茅利塔尼亞的投射手、西班牙的騎兵，這些來自五湖四海的職業軍人，不僅把軍營裝點成了五光十色的民族海洋，還以各自的特長共同承擔起了迦太基海外擴張急先鋒的使命。

　　但是兩千年後，當法國思想家孟德斯鳩談及歷史上顯赫一時的迦太基共和國時，卻用不屑的語氣這樣描述道：

　　對於國家來說，一個國王的暴政其害處比起一個毫不關心公共利益的共和國的害處還要小些。一個自由的國家的優點是它的收入分配得比較好，但如果分配得較差的時候，則自由國家的優點是它根本沒有寵臣；但是當事情不是如此，不是國王的朋友和親屬發財，而是使參加政府的一切人的朋友和親屬都發財的時候，那麼一切便都垮臺了。這樣的違法亂紀比一個國王的違法亂紀要更加危險，因為作為一國公民之首的國王，他照例是最關心守法這件事情的。

　　話雖如此說，可在兩千多年前，任誰也無法想像迦太基會有衰落的一天。直到有一天，一個叫羅馬的義大利蠻族部落統一了幾乎整個亞平寧半島，與迦太基的勢力範圍西西里島隔著幾公里寬的美西納海峽遙遙相望了，但對這個暴發戶新鄰居，迦太基除了多看兩眼之外，也沒把它當回事。

　　「沒有迦太基的許可，羅馬人連在海裡洗手都不敢」，此話還真不是迦太基人誇大。雖然羅馬人剛剛依靠頑強的毅力，與迦太基人一道逼走了勁敵皮洛士，但迦太基打不過皮洛士，你羅馬不也同樣如此嗎？況且，這場戰爭對使用僱傭兵作戰的迦太基而言幾乎毫髮無損，而羅馬則付出了慘重的代價，連執政官都戰死了好幾個，羅馬城內幾乎家家垂孝。

## 中外歷史上朝代更替的秘辛
### 羅馬與迦太基：雙雄沉浮記

而在迦太基共和國漫長的歲月裡，像羅馬這樣憑著一時蠻勇短期內崛起的民族或國家，迦太基見得太多了。亞平寧半島早先的霸主伊特魯里亞人，當年的風頭比今天的羅馬更盛，而且人家還有正經八百的海軍；西西里東部的敘拉古也曾一度風頭無雙，連打敗了波斯的雅典海軍也吃了他們的大虧，不得不停戰求和，眼下卻即將拜服在迦太基的腳下。和他們相比，連海軍都沒有的羅馬算什麼？

迦太基人是這樣想的，而羅馬人也是這樣想的。

剛剛收服了半島南部的希臘諸城邦，羅馬人有無數的事情要做，城邦間的等級要劃分，已有的同盟協議要續簽或修改，久戰之後的軍隊需要休整和補充，心懷異志的同盟國家要修理、震懾，顯然無心也無力去與迦太基爭雄。這段時間，羅馬城按傳統每逢戰時就要開啟的戰神神廟敞開了幾百年的大門終於關閉了，人們終於享受到了幾百年來少有的和平。

但西元前265年，一個來自西西里美西納城邦的使節團，又讓羅馬人聞到了戰爭的血腥味。美西納與羅馬的控制區僅有一條幾公里寬的海峽相隔，作為一衣帶水的鄰邦，他們懇求羅馬出兵幫助他們對抗南方的強敵敘拉古人。當然，羅馬也不是美西納唯一的指望，如果羅馬不同意的話，他們就將去尋求掌握了海峽控制權和半個西西里的迦太基人的幫忙。

讓自己又敬又怕的勁敵把勢力伸展到眼皮底下，羅馬的元老顯然不想承擔這注定要成為歷史罪人的後果，他們把此事提交給市民大會來討論。市民大會討論的結果是，出兵美西納！

在一個暗夜，羅馬的一萬多大軍一路急行軍，然後像填鴨一樣塞滿希臘盟國提供的航渡船隻，悄悄越過不寬的海峽，迅速進入了美西納城中。

此時，迦太基的一個海軍支隊正在海峽裡巡邏，但羅馬人的行動太快了，或者說，迦太基指揮官在嚴酷的國法和稍縱即逝的戰機間陷入了煩惱之中——按理，拱衛海峽是他的責任；按法，羅馬人和迦太基人此時尚是盟友，條約沒說羅馬人不能渡過海峽；按情，打了不該打的人或放了不該放的人，迦太基城裡那些掌權的老怪物們都不會放過他！

可就在他掙扎反側之時，羅馬人的肉餡海船連滾帶爬地就過了海靠了岸，順帶手還撿了一艘擱淺在海灘上的迦太基五列槳戰艦。

因為糊里糊塗就把羅馬人放進來了，迦太基人為此悔得腸子都青了，直接把這名指揮官釘上了十字架。

眼看著羅馬人把手伸進了西西里，迦太基和敘拉古這倆死對頭暫時擱置了爭議，結成了同盟，一南一西，分別進攻美羅聯軍防守的美西納城。但打了幾百年仗的倆死對頭第一次並肩作戰，免不了狼上狗不上的推諉觀望，羅馬執政官看準了這一點，先拿敘拉古軍隊打牙祭，一個衝鋒就把敘拉古軍隊打成了碎片狀，然後羅馬軍隊連休整都省了，直接又去進攻西邊的迦太基軍隊。

迦太基軍隊此役的使命本就是示威性質的，一萬來人的羅馬軍隊，嚇都能嚇跑他們，迦太基軍隊並沒想和羅馬人死磕，看到氣貫長虹的羅馬人衝了過來，「命是自己的，仗是外國政府的」這一原理迅速發揮了效應，由僱傭兵組成的迦太基軍隊本就無心戀戰，指揮官喊一聲跑，大家跑起來比羅馬人還快。

連勝兩陣的羅馬軍隊馬不停蹄，立刻又把敘拉古的本城包圍得水洩不通。可眼看就要破城獻捷了，恰在此時，「噹」的一聲中場鈴聲響起——現任執政官任期到了，按照羅馬法律，他得立刻交出兵權回國，由下一任執政官來完成他未竟的使命。

這是羅馬和迦太基第一次在戰場上的邂逅，與日後曠日持久的戰爭相比，只是一個序曲而已，但兩國各自以不同的姿態在對手心目中留下了深刻的印象。

同樣是歷史悠久的共和國，同樣是稍縱即逝的一線戰機，同樣面臨的是敵友難定的不明勢力，迦太基的指揮官因畏懼本國陰晴難料的嚴酷法令逡巡不定，羅馬指揮官卻敢於當機立斷、說打就打、先斬後奏，事後也不必擔心遭到羅馬國內政敵的清算。

## 中外歷史上朝代更替的秘辛
### 羅馬與迦太基：雙雄沉浮記

同樣是出了問題打了敗仗丟了臉，羅馬人會分析原因尋找差距，從制度上去堵漏；而迦太基人呢？他們不是從制度上去找漏洞，而是把缺乏靠山的替罪羊以問責制的方式一殺了之，以國家正義之名行滅口掩耳之實，用人頭去堵漏，這是混蛋國家的通例，而迦太基在這方面顯然是混蛋中的極品。

兩國體制政情上的差距，瞬間就在歷史的節點上崩裂開巨大的鴻溝。

一個是老態龍鍾的老大國家，一個是朝氣蓬勃的新銳之國，兩國鴻溝之大，連被羅馬人圍在城中的敘拉古獨裁者希倫二世也看出了未來的走向，他果斷地向羅馬提出了和談的請求，並改換陣營，成了羅馬的盟友，羅馬孤軍在西西里頓時峰迴路轉。

此時，羅馬城內有關這場戰爭的討論仍在繼續：

——本想著過海拉一把西西里島上被「孩子王」敘拉古壓在地上痛打的「小朋友」美西納，沒想到卻招惹來了羅馬最不想招惹的地中海「巨無霸」迦太基；

——本想著迦太基和自己是盟友，和敘拉古是死對頭，對自己的軍事行動即使不支持也不會造成影響，沒想到迦太基不僅和敘拉古和解了，竟然也掉轉槍頭衝著自己來了；

——本想著迦太基由各國型男組成的僱傭大軍會像切肉餡一樣，把萬把來人的羅馬登陸部隊直接包了餃子，沒想到羅馬軍隊竟然以寡敵眾，以弱敵強，連勝了兩陣；

——本想著依靠美西納一個小國，羅馬人的西西里之戰將是一場前途難料的苦戰，沒想到柳暗花明，島上最強大的敘拉古竟然又向羅馬伸出了橄欖枝！

打或不打，西西里就在這裡，不遠不近；和或不和，迦太基人也在這裡，不走不離。這個讓元老們糾結不已的問題，隨著義大利人在西西里奇遇記的不斷刷新而最終有了下文：建立海軍，對手——迦太基！

戰神神廟的大門關閉數年之後，又再度開啟。

如果當時的羅馬城裡有人能「穿越」到兩千年後的 19 世紀末、20 世紀初，又能有幸看到美國人馬漢寫的那本《海權論》的話，無論穿越之旅有多麼艱難，他也會在愛國心的驅使下毅然返回兩千多年前的羅馬，面對元老院裡的諸多長者，直接用馬漢的原文來闡述與迦太基開戰的危險：

「我們來看義大利，一個長長的半島，中央山脈將其一分為兩條狹長的地帶，聯結不同港口的道路蜿蜒其上。對義大利而言，只有對海洋的絕對控制才能完全確保這類交通線的安全，這是因為我們根本無法知道，一支來自可見視野之外的敵軍在什麼地點可能展開攻勢。但這並不意味著沒有解決的辦法，只要在中央部分駐紮一支足夠份量的海上力量，就能在被造成十分嚴重的損失之前，攻擊那支逼近其基地與交通線的艦隊。」——看到了沒？我們連艦隊都沒有，連自身的安全都無法保障，怎麼可能與世界頭號海軍強國迦太基作戰？！

「一個國家的地理位置，不僅有助於集中其軍事力量，而且還能為展開針對其潛在對手的敵對軍事行動提供進一步的中心位置與良好基地等戰略優勢。」——看到了沒？這話有點繞，說白了就是，就算羅馬有了可抗衡迦太基的艦隊，那麼迦太基比起羅馬來仍占有地利，他們可輕鬆地利用自己控制的薩丁尼亞島和科西嘉島，隨意地在羅馬中部展開一連串輕鬆如自助餐性質的軍事打擊。別忘了，羅馬城離海岸其實也就幾十公里的路程，努米底亞騎兵在義大利中部登陸後，用不了半天時間就可飲馬羅馬城下。

說到領土範圍、人口數量，馬漢先生也有言在先：「這裡所說的領土範圍並非指一個國家所擁有的平方英里的總數，而是必須加以考慮的海岸線的長度及其港口的特徵。」「就人口而言，這並非僅僅是指純粹的總數，而是指從事於海洋事業的人口總數。」——這兩條，又沒說的了吧？相對於擁有四分之三個亞平寧半島的羅馬來說，迦太基的海岸線基本是整個地中海海岸線周長的一半，而論海洋人口比例的話，人家是 90％，而羅馬加上新歸附的南部希臘諸國，也不過就是 20％；若論人口基數，僅迦太基本城人口就是羅馬城人口的 5 倍！

## 中外歷史上朝代更替的秘辛
### 羅馬與迦太基：雙雄沉浮記

辯論至此，可能還會有不甘認輸的元老站出來反駁：羅馬的軍制要優於迦太基，羅馬如果實行全面動員的話，能夠組織起 70 萬人的軍隊。

這個「穿越」回來的後生又會微微一笑，隨手翻起《海權論》中的一頁，道：馬漢早就預料到了羅馬與迦太基開戰的結局如何，請看「使用一個眾所周知的術語，那就是沒有時間再讓國家結構的全面抵抗一露身手了，打擊將會降臨到臨時組織起來的海軍艦隊頭上，如果艦隊失敗了，那麼國家結構其餘部分的穩定性統統都將無濟於事。」雖然這說的是鐵甲艦時代的事，但在槳帆戰艦時代也同樣如此。

怎麼樣？沒說的了吧？乖乖遣使求和吧，因為以《海權論》來衡量的羅馬、迦太基之戰中，羅馬一方沒有絲毫的勝算。而拋開《海權論》，單從現實出發，當時的羅馬要當著迦太基的面談戰爭，全世界都會發笑。

——如果不算偶爾用羊皮筏子出海撈海帶的個把羅馬遊民，羅馬實在沒有任何值得一提的海上歷史，而在羅馬人的祖先尚處於石器時代的時候，迦太基人的先祖已經揚帆海上探明了地中海的所有邊邊角角。

——羅馬的陸軍的確可堪一戰甚至幾戰，甚至可以全民皆兵組織起幾十萬人的大軍，但迦太基用幾百年積累起來的巨大財富，可以買來全世界的軍隊與羅馬為敵。

——以南部希臘諸城市的海上力量為基礎，羅馬剛有了一支還沒整合好的三列槳艦隊，可迦太基人擁有的卻是上百艘五列槳的巨艦。簡單來說，在以衝撞戰術為主的槳帆戰艦時代，兩者一旦在海上發生衝突，基本就是載重卡車與 1.0 升排量小轎車迎頭相撞的後果。

——古往今來，戰爭不僅比的是兵力的差距、戰術的選擇、將帥的謀略，還要去評估國家動員能力、經濟能力、生產能力、社會穩定程度及凝聚力等國家總體能力，在這些方面，迦太基與大戰方歇、南方初定的羅馬相比，雖然不像波斯與希臘那樣差很多，但也掌握著明顯的優勢。

但萬幸的是，這個「穿越」事件沒有發生，羅馬也沒有那麼多理性的專家，羅馬人不知道《海權論》，也不清楚把獅子與綿羊等量齊觀的數字對比

會昭示著怎樣的命運。他們知道的是，幾百年來，羅馬軍隊負奇窮、蹈死獄的戰爭經歷得太多了，幾乎每一次，他們都是在與優勢的敵人、更精良的裝備，甚至聞所未聞的戰術打交道，他們可以承受屍橫遍野的敗仗，可以為了保存實力而犧牲掉滿城的婦孺，可以邊擦乾血跡邊與暫時戰勝不了的強敵簽訂屈辱的和約，但是從來也沒有未經一戰就向強敵妥協過的經歷。與強者間的戰爭不僅擴大了這個國家的生存空間，也鍛鍊了羅馬的戰士，磨煉了他們的意志，還改進了他們的戰術與兵器，更培養了羅馬人愈挫愈勇的國家性格。

對迦太基人，羅馬也不例外。

戰神廟既已開啟，必須用空前的凱旋式才能讓它關閉。

第一次布匿戰爭拉開了大幕。

迦太基志在必得，羅馬也摩拳擦掌，前者很快增派了四萬援軍進駐西西里，而羅馬也不甘示弱地派出了4個兵團。在西西里這個前期主戰場，羅馬以東邊的敘拉古和美西納為後方基地，迦太基則以西邊的馬爾薩拉、巴勒摩為基地，中場的位置是靠近島中心線、由迦太基控制的阿格里真托，雙方圍繞這個城市的歸屬展開了激烈的攻防。

一開局，羅馬的糧草基地被迦太基軍隊偷襲得手，若不是敘拉古救援及時，羅馬軍隊差點就被趕下海去，迦太基得一分；

臨近中場，迦太基的僱傭軍熬不過長期的戰爭，在比賽占優的形勢下忽然棄城而逃，使羅馬得以占領阿格里真托，羅馬得一分；

羅馬軍隊進城後，沒有良好地執行元老院和公民大會制定的民族政策，燒殺搶掠不說，還把全城的希臘無辜平民賣做了奴隸。這一下，連敘拉古等盟友都看不下去了，以賒帳的方式購買了大多數阿格里真托居民，把他們放還了故鄉。羅馬軍隊的短見使得島上的鬥爭形勢陡然一變，很多原本持觀望態度的希臘城市見狀，憤然加入了迦太基的陣營，其影響甚至波及第二次布匿戰爭。迦太基得兩分。

此時，羅馬主將任期已滿，換人。

## 中外歷史上朝代更替的秘辛
### 羅馬與迦太基：雙雄沉浮記

第二年，下半場開局。羅馬勢頭很猛，攻勢排山倒海，接連得分——攻下了諸多西西里內陸城市。但是迦太基仍牢牢把握著邊場的優勢：鑲嵌在西西里海岸邊的一連串名城由於有迦太基海軍的支撐，使單純依靠陸軍的羅馬很難攻破，雙方陷入膠著狀態。而與此同時，迦太基的海軍開始襲擾義大利的本土。這些都讓羅馬感到，球要再這麼踢下去，勞師遠征又不如迦太基海軍強、錢袋鼓，遲早有一天羅馬得把自己賣了才能湊夠軍費。

羅馬人翻出了在美西納繳獲的那艘迦太基五列槳戰艦，先讓希臘的熟練工人把它拆分成零件狀態，然後照葫蘆畫葫蘆地建造起自己的五列槳戰艦來。在希臘工人的勤奮努力下，在羅馬強大的國防工業的通力合作下，很快羅馬就擁有了100艘山寨版的五列槳戰艦。

然而光有了船還不行，讓如此複雜、龐大的戰艦在海上進退自如，起碼還要有4萬名訓練有素的划槳手和船員。羅馬又像以往那樣，向它的公民發出了號召，不過這一次，不是讓他們披掛整齊、拿起劍與盾去對抗地平線上出現的敵人，而是一排排坐在沙灘的長凳上，在希臘教官的皮鞭和口令下練起了划槳。

船也有了，人也有了，可羅馬的海軍還是沒有。因為習慣了陸上生活的羅馬槳手鑽進了密不透風、顛簸異常的海船裡，即刻就又陷入了與暈船的鬥爭中，別說划槳，連直起腰來的人都寥寥無幾。

好不容易又過了暈船關，羅馬的山寨版五列槳戰艦終於搖搖晃晃能動起來了，但要靠這些旱鴨子公民把上百艘戰艦的海上行動練得整齊劃一、如臂使指，真正達到能出海與迦太基一戰的水平，估計這輩子也結束了。

海軍還是沒有，但不能再等了。很快，兩位新執政官中的西庇阿硬著頭皮從軍工廠接手了第一批海軍戰艦及隨艦人員，並帶領這支開路先鋒出港，南下西西里執行作戰任務。以往幾百年都是指揮陸軍的羅馬執政官頭一遭指揮海軍，他頭皮能不硬嗎？按理說這十幾條戰艦應該是所有戰艦中訓練情況最好的，但一路南下，別說西庇阿，如果海神海下有知的話，估計也連哭的心都有了。

以前，無論是希臘海軍、波斯海軍或是迦太基的，戰艦行駛時起碼得有個隊形吧？而羅馬的艦隊卻東一坨西一泡，永遠湊不到一起去。好吧，就算沒有隊形，單艦也要走直線才像話吧？羅馬的單艦不僅走不了直線，有的還原地轉圈。

就這樣稀稀拉拉地，原本速度奇快的五列槳戰艦在這些旱鴨子的搗鼓下，成了一連串慢騰騰的蝸牛。本來兵貴神速的軍事行動，也變成了讓岸上居民看得樂不可支的花車大遊行。

慢騰騰的羅馬海軍還沒到達作戰區域，人家迦太基的海軍就早已趕赴戰場埋伏起來了，等到羅馬海軍到了那個需要占領的小島才發現，完了，迦太基早就在外圍布下了天羅地網。打，打不過，逃，又跑不快，於是一番並不激烈的戰鬥後，認為自己是海軍的羅馬執政官西庇阿先生連同大部分屬下成了迦太基的俘虜，一部分及時發現自己不是海軍這塊料這個殘酷現實的羅馬人則因禍得福——他們早早地棄船上岸，然後貓樹林裡躲過了一劫。

海軍勉強有了，又沒了。此次初戰，羅馬損失戰艦十餘條，外加執政官一名、人員近萬人，唯一的收穫就是海軍沿途留下的笑話若干，直到兩千多年後我們透過史料仍能感受到那種力透紙背的喜感。

事後，被俘的執政官西庇阿透過戰俘交換回來了，而開明務實的羅馬政府沒有追究他的責任，因為羅馬沒有時間去推卸責任，也不屑去相互譴責，西西里戰局吃緊，必須在現有條件下儘量讓現有的海軍具備作戰實力。

就在羅馬人一籌莫展之際，盛產阿基米德這類天才的敘拉古人出了個主意：你們羅馬人不是陸戰最厲害嗎？為什麼不把陸戰搬到海上去？

一席話讓羅馬人茅塞頓開，他們在工程師的幫助下，很快設計了一種吊橋裝置，並依其形狀起名為「烏鴉」。這種吊橋裝置平時懸置在戰艦甲板上，其末端裝有一個巨大鐵釘，玄機就在這個鐵釘上——海戰時，裝有「烏鴉」的戰艦要想盡辦法接近敵艦，然後快速砍斷纜繩、放下「烏鴉」，在重力加速度的作用下，「烏鴉」的鐵釘會釘在敵船的甲板上，使其動彈不得，然後，

## 中外歷史上朝代更替的秘辛
### 羅馬與迦太基：雙雄沉浮記

羅馬軍艦上的重裝步兵就會透過有護欄的「烏鴉」吊橋直接跳到敵艦上展開廝殺。

「烏鴉」剛剛裝備完畢，迦太基艦隊傾巢而出的消息就傳來了，羅馬剩下的七八十艘裝有「烏鴉」的五列槳戰艦出海迎敵。在西西里北部的米拉佐海域，雙方的海軍終於第一次碰面了。

然而，秋風肅殺的海面上卻絲毫沒有大戰降臨時的那種緊張感，反而是歡聲笑語不斷——迦太基艦隊早就布下了整齊的戰線等待羅馬人來接戰，但等來等去，對面的羅馬艦隊竟然連個陣型都擺不好，半天時間居然還在那吭哧吭哧地七上八下著。看著笨拙的敵人在海上徒勞地打轉，有的居然還纏在了一起，自小便在海上長大的迦太基船員頭一次看到居然還有這樣笨的海軍，把船開成那樣居然還有臉出來打仗，能不樂嗎？但還有更可樂的。

羅馬人的五列槳明顯抄襲的是迦太基人的，但他們居然在船頭加了一個不倫不類的鳥嘴狀的東西。而迦太基人打小都知道一個道理，海船，尤其是戰艦，最為講究的就是平衡感和美感，這既是海軍軍容整齊的表現，也是戰艦海上適航性和抗風浪能力的需要。可羅馬人山寨貨的美感與均衡卻全被這個東西給打破了，還有什麼比這群旱鴨子的自作聰明更可樂的嗎？

但很快，他們就笑不出來了。沒法排成陣型的羅馬艦群隨著一聲令下竟然亂哄哄地直撲當面的迦太基艦隊，慘烈的海上搏殺開始了。

撞角戰術是當時槳帆戰船最常用的作戰手段，但一般都用自己的船頭去撞對方的船身，這就需要靈活地操縱海船繞行到敵艦側腹部才能實施。但羅馬人的撞擊戰術卻與眾不同，他們不管頭尾，只顧靠近，一旦靠近，不是靠撞角傷敵，而是放下船頭的「烏鴉」，牢牢地卡住敵船，隨即船艙裡等待已久的羅馬重裝步兵就像下山的猛虎一樣，透過烏鴉吊橋，撲向不明就裡、亂作一團的迦太基人。

按照千年以來的海軍傳統，迦太基船上也有步兵，但基本都是弓箭兵，且人數不多，近戰戰鬥力幾乎可以忽略不計，戰時僅負責警戒船隻，並不直接參戰。海戰中，迦太基人主要靠艦上的遠程武器和撞角。如今，眼看著百

來個如狼似虎的羅馬士兵衝到了眼前，迦太基人除了手頭的弓箭和短刀外，別無他物，頓時就被砍倒了一大片，剩下的人紛紛跳海逃生。

幸好迦太基船員對船隻的操控能力比羅馬高出不止一星半點，一看情況不對，連忙集體收隊——撤。此役，羅馬人依靠集體的智慧和初生牛犢的精神，居然戰勝了掌握地中海制海權幾百年的老牌海權國家，迦太基方面 15 艘戰艦被擊沉，30 艘被捕獲，包括艦隊司令的旗艦，人員損失方面，迦太基更是慘重，3000 人戰死或失蹤，7000 人被俘虜。

消息傳到羅馬，全城歡聲雷動，為了紀念這次具有深遠歷史意義的勝利，羅馬人將繳獲的兩艘迦太基戰艦船頭作為雕像鑲嵌在了海戰紀念碑上，豎立在了羅馬城的中心廣場上。他們要讓後世子孫永遠記住：只要有足夠的耐心和智慧，沒有羅馬戰勝不了的敵人。

兩年以後，雙方在西西里北部的巴勒摩附近海域再次交鋒，但讓羅馬人奇怪的是，兩年來，迦太基似乎對上次米拉佐海戰的失利未採取任何補救措施，仍然讓羅馬軍艦近身放下吊橋，仍然一見戰局不利立刻撤退。

兩戰兩捷的羅馬人看穿了迦太基徒有虛名的海權，決心一鼓作氣，蹈海南下，打到迦太基的老巢去。整整一個冬天，羅馬沿岸的各個港口和船廠都陷入了一種緊張的氣氛中，羅馬為了遠征非洲，傾其所有，打造了一支 230 艘戰艦、12 萬人組成的遠征大軍。

眼看著羅馬要傾巢而出，迦太基也不甘示弱，他們派出了 250 艘戰艦組成的攔截艦隊，企圖在羅馬步兵登船之前打癱羅馬的海軍，讓羅馬步兵無船可用。

西元前 256 年春，雙方在西西里島西南側的海域裡爆發了開戰以來最大規模的海戰。

迦太基艦隊分成左中右三路一字排開，企圖利用操縱上的優勢兩面包抄羅馬艦隊，直接攻擊艦隊後方薄弱的後衛編隊和運輸船隊，此戰法將使迦太基戰艦始終在外線作戰，從而能發揮出迦太基一方優異的船隻操縱性能。而羅馬艦隊的戰法很簡單，他們沿襲了薩莫奈戰爭中從對手那裡學到的集中優

## 中外歷史上朝代更替的秘辛
### 羅馬與迦太基：雙雄沉浮記

勢兵力的陸地戰法，採用楔形陣列直插迦太基艦隊中央，用優勢兵力率先擊潰了敵人的中央編隊，然後掉轉船頭分別攻擊正與羅馬後衛編隊陷入苦戰中的迦太基左右兩翼。

激戰正酣的迦軍兩翼突然遭到前後夾擊，頓時陣型大亂。右翼分隊見勢不妙趕緊溜之大吉，而左翼分隊因為背靠西西里海岸線，無法撤退，以致全軍覆沒。

此戰，雙方勢均力敵，海戰本身的傷亡也並不太大，迦太基方面被擊沉30艘，羅馬損失24艘，但由於羅馬戰術選擇得當，巧妙地將自己陸戰中的經驗複製在了海戰中，將複雜的海上陣地戰演變成了擊潰戰，因此竟然一下俘虜了60多艘敵艦。經此一戰，傷筋動骨的迦太基海軍無心再戰，西西里附近的島嶼被羅馬海軍一一占領，六百年從無外敵入侵的迦太基，在羅馬艦隊面前門戶洞開。

海戰尚有所顧忌，到了陸地上，羅馬士兵就更如虎添翼、無人能擋了。幾番廝殺，迦太基人發現，陸地上基本沒有能擋住羅馬軍團的武力——羅馬軍隊登陸場附近的城市要麼被攻克要麼主動投了降，幾支攔截大軍派出去均有去無回。這年的秋天，是個豐收的季節，僅羅馬在非洲的軍團運回來的俘虜就多達兩萬餘人。

而迦太基一連串的慘敗，則給它的統治帶來了意想不到的災難性後果。由於掌握著強大的制海權和得自海上貿易的巨量財富，幾百年來，作為外來人口的迦太基人不僅對非洲當地民族採取高壓奴役政策，很多顯貴、將領甚至還把生財之道伸向了請來當打手的各國僱傭兵，剋扣軍餉、中飽私囊不說，甚至還發生過把整支軍隊賣做奴隸的事。平時，大家都懾於迦太基「地中海老大」的淫威敢怒不敢言，這時看到它忽然倒霉了，豈有不揭竿而起的道理？於是，獨立的獨立，起義的起義，鬧餉的鬧餉，要債的要債，投降的投降，趁火打劫的趁火打劫，迦太基本土一時之間好不熱鬧。

迦太基建國六百年，從沒有像現在這樣狼狽不堪。長期的太平無事，使得本土各地防務異常空虛，很多地方甚至連城牆都沒有，受到各路民眾歡迎的羅馬軍隊所到之處不僅無人能擋，甚至也無牆可擋。這些海峽對面的蠻子

肆無忌憚地蹂躪著迦太基富人和老百姓的莊園和農田，國境之內各地起義也風起雲湧，迦太基城裡則擠滿了附近逃難來的難民。哀鴻遍野聲中，羅馬前鋒距離迦太基本城不過一天的路程了。

可就在這時，羅馬人停住了。

原來，眼看戰局即將收尾，冬天也要來了，歡欣備至的羅馬元老院決定非洲軍團暫緩攻擊，撤回一半的兵團戰士回國休整，留下執政官雷古魯斯帶領 1.7 萬人保護艦隊和運輸船在當地過冬，等到來年春天新的執政官上任後再繼續完成攻打迦太基的任務。

連戰連捷的雷古魯斯接到這個命令卻有點悶悶不樂，自己費盡心血得來的勝利眼看就要讓下一任執政官摘了桃子，誰會高興得起來呢？恰在此時，迦太基的求和使者來了，雷古魯斯接受了和談，卻提出了非常過分的停戰條件，除了交出羅馬俘虜、賠償戰爭賠款外，還要求迦太基放棄所有的艦隊，交出西西里和薩丁尼亞島，迦太基對此當然不能接受。

雖然腐朽不堪，但迦太基之所以能六百年橫行地中海，說明它並非毫無可取之處，只要找對了人、走對了路，勤勞勇敢的迦太基人民完全可以創造出新的奇蹟。為了在來年春天的決戰中戰勝家門口的敵人，迦太基這個昏睡了許久的巨人，終於間歇性甦醒了過來。他們在斯巴達僱傭兵首領贊提帕斯的領導下，投入到絕地抗戰的準備工作中去。贊提帕斯改組了軍隊的編成，僱用了新的部隊，同時還下大力氣消除了瀰漫在部隊內部的羅馬恐慌症。

春天來了，雷古魯斯沒有等增援部隊的到來，就又開始了軍事行動，帶著 1.2 萬名重裝步兵和 500 名騎兵包圍了迦太基城的門戶阿迪斯城。在他看來，打敗當面的迦太基軍隊已不是問題，問題的關鍵是要在新執政官履新之前由自己親自把征服迦太基的榮譽帶回羅馬。

迦太基統帥贊提帕斯率領 12000 名步兵、4000 騎兵和 100 頭戰象前往增援。他改進了以往的迦太基戰術，派出優勢騎兵來保護象群，同時選擇了平坦的地形來決戰。雷古魯斯對此卻渾然不覺，冒冒失失地帶領部隊踏上了對手選擇的戰場。戰鬥一開始，經過一個冬天嚴格訓練的迦太基軍隊就爆發

## 中外歷史上朝代更替的秘辛
### 羅馬與迦太基：雙雄沉浮記

出了驚人的戰鬥力，有騎兵掩護的 100 頭戰象像坦克一樣在羅馬軍隊的人叢中反覆輾壓。

片刻之間，羅馬的國運由巔峰跌落到谷底，8000 多將士血染沙場，雷古魯斯和 500 名部下成了俘虜，只有 2000 殘兵敗將得以逃回營地，掘壕固守。

前方戰敗的消息傳來，正帶著 300 艘艦船前來接班的兩位新執政官決定終止遠征，同時不惜代價營救出被困在非洲海濱的 7000 羅馬殘軍。

在非洲海岸，他們與迦太基海軍又展開了一場大戰，繳獲敵艦 24 艘，摧毀了 90 艘，成功打開了包圍圈，順利地接上了 7000 名望眼欲穿的羅馬將士，然後掉頭駛往西西里。

然而，就在他們馬上到達港口時，一場風暴突然襲來，曾讓羅馬海軍在戰場上風光無限的「烏鴉」吊橋，這次成了摧毀羅馬海軍的罪魁禍首。由於安裝這一裝置改變了五列槳戰艦原有的結構，又沒有進行適當的調整，頭重腳輕的羅馬巨艦根本無法經受狂風暴雨的洗禮。

風急雨大，巨浪滔天，兩位羅馬執政官哪見過這陣勢？他們下令讓所有船隻向海岸行駛，力爭搶灘登陸，想以此減少風暴造成的損失。但富有經驗的希臘船員勸告他們，在海上遇見大風時，臨時靠岸是最危險的，因為近岸的風浪會特別猛烈，而這麼多船隻擁擠在一起，會額外加大損失程度。

但執政官們拒絕了這一合理建議，讓艦隊不惜代價靠岸，結果地中海最大規模的海難出現了，近 400 艘艦船中只有 80 艘倖免於難，將近 300 艘艦船及其 10 萬多人命葬大海。

災難與驕橫同行，危機與喜慶共舞。逆風而進的船隻，船員總要打起十二分的精神，而潮平岸闊之際的徐行，卻總會讓人貪戀美景，忽視水下的暗礁。眼看勝利在望，元老院不是滅此朝食，而是來年再戰的決定，給了迦太基喘息的餘地；執政官雷古魯斯個人的野心、輕敵冒進的舉措，則葬送掉了大好的形勢；而兩位執政官終止遠征的決定使羅馬前功盡棄，他們對海洋的陌生，則葬送掉了羅馬最精銳的海上力量。

羅馬又一次家家垂孝，舉國沉浸在悲痛之中。恰在此時，迦太基人不失時機地派出了和平使團，隨團前來的，還有年初被俘的前執政官雷古魯斯，迦太基人想用這個敗軍之將的現身說法來讓羅馬人接受議和。

但在元老院，身穿迦太基服裝的雷古魯斯力勸羅馬人不要灰心喪氣，更不要接受和談，要繼續與迦太基戰鬥下去，因為敵人已經筋疲力盡。說完，雷古魯斯昂首挺胸走出元老院，不顧家人、同事的執意挽留，又以一名囚徒的身分回到了迦太基。迦太基人絲毫沒有英雄相惜的風度與胸襟，見雷古魯斯攪黃了他們一心期待的和談，竟喪心病狂地將這位羅馬執政官處以了極刑——裝在球狀的籠子裡，讓大象們在一場象球比賽中踩成了肉泥。

雷古魯斯者，其過也，一念之差、一戰之敗，人皆見之；其功也，一國之心因其而振，一身之死而萬物霜愁。慨然完諾，長羅馬千秋志氣，輕生進言，銷布匿十萬雄兵，死得其志，不亦壯哉！

禍不單行，西元前 253 年，羅馬新建的艦隊又在義大利沿海遭遇暴風襲擊，150 艘戰艦、5 萬多人再次葬身大海。

兩次天災使戰局瞬間陡轉直下。羅馬終於發現，對於大海來說，羅馬人太嫩了，一兩次海戰的勝利，遠抵不上一次海難的殘酷。因為盲目地追求海權，羅馬傾其所有建造艦隊，但任何一個細小的意外——或是指揮官的偏執，或是天氣的作惡，就會讓這些看似強大的巨艦瞬間灰飛煙滅。

一連串的噩耗，使羅馬不得不收縮兵力集中於西西里島上，同時再次舉全國之力重建了海軍。於是，他們再次將戰略重心放在西西里島上。

蒙海神垂青的迦太基，此時風光無限，他們收復了非洲的領地，又解僱了曾帶領迦太基軍隊取得勝利的名將贊提帕斯，然後帶著 150 隻戰象和無數援軍，挾阿迪斯獲勝的餘威，要收復西西里名城巴勒摩。

幾年前 8000 名同胞在迦太基被戰象踩成肉泥的恐怖故事，讓巴勒摩的羅馬守軍惴惴不安，而這次，他們要面對更多的戰象。為了對付戰象，羅馬守將想出了一個點子，他們像鼴鼠一樣，拚命地進行土方作業，把護城河挖

## 中外歷史上朝代更替的秘辛
### 羅馬與迦太基：雙雄沉浮記

得又深又陡，最下面連人都站不住。然後，他僅安排了一些輕步兵在城外警戒，大部隊則全撤到了城裡。

眼看著昔日威風不可一世的羅馬人因為懼怕大象，連正面列陣、對等攻擊的勇氣都沒有了，迦太基士兵個個勇氣倍增，以大象為前驅，一股腦地湧向巴勒摩城牆。眼看敵人要接近城牆，羅馬人布置在城外的輕步兵衝著打頭的戰象投出了密如飛蝗的標槍，然後迅速越過護城河退入城裡。

這些輕標槍用來傷人可以，但用來對付戰象明顯威力不足，只能造成激怒戰象的作用——但這就足夠了，羅馬人要的就是這效果。被羅馬人刺了一身槍的戰象怒火中燒，不用揚鞭自奮蹄，蕩起撲天煙塵湧向巴勒摩，然後稀里嘩啦——連象帶人一起滾入被羅馬人修理成楔形的護城河壕溝裡，再也爬不起來了。

要說大象就是聰明，見前面的同伴一聲慘叫掉下去後就再也沒了影，知道前面有埋伏，於是不顧馭手的棒刺喝罵，轉身就跑。後面的大隊迦太基步兵正興高采烈地往前衝著，卻迎頭和戰象們撞了個正著，躲閃不及，被大象們踩得血肉翻飛。

這時，城門大開，羅馬重裝步兵衝出城來見人就砍、見象就刺，而剛撤回城的輕步兵則爬上城頭用標槍一一解決掉進城壕裡的戰象。一時間，象嚎人哭，馬鳴風嘯，迦太基人發起的圍城戰片刻之間就變成了羅馬人主演的擊潰戰，140頭戰象和2萬迦太基士兵橫屍城下。

羅馬終於又迎來了久違的勝利，繼而風捲殘雲般收拾掉島上其他地方的迦太基守軍。在西西里，迦太基手裡只剩下了馬爾薩拉和特拉帕尼這兩個據點，但兩地互為犄角，均依山傍海，易守難攻，當年所向無敵的皮洛士就是因缺乏海軍才受困於馬爾薩拉的堅城之下的。如今，羅馬第三次重建的海軍正好派上了用場。

閒話不扯，單說羅馬新下水的220艘五列槳戰艦，氣勢洶洶地向特拉帕尼港駛去，但到了港外他們傻了，迦太基海軍沒有在港口迎接他們，而是偷偷跑到了他們身後抄了羅馬艦隊的後路。

直到這時，羅馬人也沒含糊，迄今為止，除了接二連三的風暴外，羅馬人海上還未遇到過對手。於是，羅馬人抖擻精神掉頭應戰，可這回，吃了兩次虧的迦太基人太熟悉羅馬那套類似於「碰瓷」的近戰把戲了，你往身前湊，偏要躲著你走，反正無論是造船水準還是水手素質迦太基都比羅馬強，想遛羅馬人是太簡單的事了，一邊遛著，一邊還用箭矢、標槍、投石器招呼著，羅馬戰艦上傷亡纍纍……

這場一邊倒的戰鬥結束時，220 艘羅馬戰艦中已有 30 餘艘沉入了海底，另外，有 93 艘被迦太基人俘虜，隨艦的羅馬士兵和水手有兩萬多人葬身大海。

羅馬海軍又沒了。

經此一戰，羅馬再也沒有了重建艦隊的能力。無論是羅馬還是同盟城市，金庫都已被曠日持久的戰爭和接二連三的海上災難弄得空空如也，公民人口數量也直線下降。海洋對羅馬來說，成了一個用金錢和人命永遠填不滿的無底洞，而與義大利半島近在咫尺的西西里，也從沒有像如今一樣令羅馬人覺得遙不可及。

或戰或和，再一次擺在了形勢嚴峻的羅馬人面前，然而此時，還沒容羅馬人靜下心來好好思考對策，新一輪打擊又接踵而至了。

讓羅馬倍感雪上加霜的因素是迦太基出了一個人，一個叫哈米爾卡·巴卡的年輕人。作為迦太基政治系統頂尖家族中的繼承人，哈米爾卡原本的職業應是外交官，因為其家族世代壟斷著外交這一領域，但內憂外患的局面刺激著這個年輕人投筆從戎，走上了一條與家族期望相反的道路。他一上任就發現了迦太基與羅馬周旋的問題所在，為什麼非被敵人牽著鼻子走而不是另闢蹊徑呢？

於是，他帶領著一支並不龐大的軍隊開始了迦太基早在十多年前戰爭開始時就該幹的事：從薩丁尼亞島出發去襲擾羅馬本土。但此時的羅馬已是一片民生凋敝，而哈米爾卡靠著手頭這點部隊，除了拔掉幾個羅馬軍隊的小據點外，也實在難有大作為。仗打成這樣，迦太基國內的袞袞諸公們仍沒有忘

## 中外歷史上朝代更替的秘辛
### 羅馬與迦太基：雙雄沉浮記

了爭權奪利的樂趣，他們可以把錢用來謀殺政敵或任何一個讓他們覺得丟臉的人，卻不會用這筆錢去給前方浴血奮戰的軍隊提供一支援軍。

就算如此，哈米爾卡在羅馬本土和西西里開展的游擊戰，仍給羅馬人造成了很大的麻煩，沒有人知道這個傳奇般的人物把營地設在了什麼地方，卻只知道最近又有哪些不走運的基地剛剛遭到了他閃電般的打擊。

在哈米爾卡的獨力支撐下，本已頹勢盡顯的迦太基，在西西里居然奇蹟般的與羅馬陷入了對峙。

經過十幾年的消耗，這場戰爭的本質也逐漸向羅馬人露出了猙獰的面目：戰場上的屢戰屢敗、內部的動盪不安，這些對迦太基來說，都是用時間能夠克服的苦難，相對於資源貧乏的羅馬來說，迦太基的造血能力實在是太強了，儘管政府的腐敗無能限制了這種能力的發揮，但假以時日，戰敗者只能是羅馬。

西西里島戰局的膠著狀態，讓羅馬認識到，必須不惜一切代價重建一支海軍來截斷迦太基通往西西里的海上補給線，否則，西西里的戰事將把迦太基和羅馬共同拖垮。但接二連三的海上災難，已讓羅馬的金庫空空如也。

碰到這樣的事，普通國家會透過增加賦稅的方式來解決海軍經費的問題，無分貴賤，人手一份；文藝國家會透過開展各種表演、拍賣來大行募捐；而頭腦很簡單的國家則會想出種種手段把負擔乘以二之後美其名曰「愛國捐」「遺產稅」再轉加到老百姓的頭上，然後經過層層剝扣，一小部分來造下水就沉的軍艦，大部分卻進了貪官的腰包。但很「厲害」的國家是如何做的呢？羅馬元老院最終討論的結果，是元老們帶頭，動員全國最富裕的人一起去認購政府發行的海軍公債。

注意，這是兩千多年前，一個奴隸制國家裡，大奴隸主和莊園主們實行寡頭統治所討論出的結果。

在貴族們的帶動下，新的羅馬艦隊很快就整裝待發了，不過，細心的人發現，這一批200來艘戰艦上居然沒有了當時及後世人們津津樂道的羅馬戰艦標誌性物件——「烏鴉」吊橋。

「烏鴉」實際上是羅馬人機靈的產物，而經過實戰檢驗，它雖然可以彌補羅馬人海戰上的弱點，甚至取得了幾次勝利，但它對羅馬海權所造成的破壞性作用，要遠大於它在戰場上的收穫。由於它改變了艦船的結構和配重，頭重尾輕的羅馬戰艦抗風浪性能明顯降低，而正是因為有了它，還讓船員和艦隊產生了依賴心理，從而忽略了真正海上戰鬥技能的訓練。沒有了「烏鴉」的幫襯，羅馬船員將只能寄希望於戰場上自己對船隻的操控能力。

西元前241年3月，羅馬艦隊浩浩蕩蕩地駛向西西里島西部海域。此時，迦太基方面對即將到來的海上決戰仍渾然不知，在他們的印象裡，羅馬艦隊早就隨著海神的咆哮煙消雲散了，雙方眼下只是一邊進行著漫無邊際的消耗戰，一邊等待著最終停戰時刻的到來。就在迦太基軍隊放鬆戒備的時候，羅馬艦隊已開到了敵方補給艦隊的必經之路——埃加迪群島水面。

當時海面上刮著強勁的西風，順風而來的迦太基艦隊來不及規避，就與羅馬艦隊攪在了一起，船與船的相撞，人與人的廝殺，槳與槳的對搏，帆與帆的糾纏，在這一刻，23年的時間、地中海南北兩岸整整一代人的憤怒與希望，都濃縮在了這方寸海面之上。

這場戰鬥，迦太基方面有50餘艘艦船被擊沉，被繳獲70餘艘，雖然損失慘重，但並不比以往的歷次海戰損失更嚴重，而在這場硬碰硬的較量中，羅馬方面也損失了幾十艘戰艦，雖然是迦太基人最先撤出了戰場，可究竟誰的損失更致命還很難說。但迦太基統治者的心理承受能力卻到此為止了，他們殘忍地將戰敗的艦隊司令處以極刑，然後下令，讓在西西里堅持作戰的哈米爾卡不惜代價與羅馬簽訂和約，停止這場已持續了23年的戰爭。

經過協商，哈米爾卡與羅馬執政官卡圖盧斯很快達成了一致，這份和約規定，迦太基永久性地撤出西西里島，西西里及附屬島嶼歸羅馬所有，雙方互相釋放俘虜，不收取對方贖金，迦太基以10年為期付給羅馬3200塔蘭同賠款。

乍看之下，這是一個十分寬厚的和約，羅馬並沒有挾一戰之勝就得理不饒人地漫天要價，而是基本上以雙方實際控制線來劃分勢力範圍。它所要求的戰爭賠款約相當於現在的20億美元，對羅馬確實是筆大錢，而對迦太基

## 中外歷史上朝代更替的秘辛
### 羅馬與迦太基：雙雄沉浮記

來說不過是九牛一毛——且不論海外貿易的豐厚回報，僅非洲本土的種植業，迦太基每年的收入就不止此數。但冥冥之中，這個和約卻確定了羅馬未來1600年的地中海霸主的地位。

透過這個和約，羅馬與迦太基確定了西西里島的歸屬，而這個島嶼無論對羅馬還是對迦太基而言，都是再重要不過的了，迦太基的海上貿易帝國固然需要這個島嶼的支撐，羅馬的霸主地位同樣也需要西西里這個立足點，擁有了西西里，羅馬就等於有了一個隨時可以進入非洲的跳板。

狹路相逢勇者勝，這場蔓延了23年的戰爭，雙方共投入了一千多艘戰艦、上百萬人力，戰爭波及地中海南北兩岸，上千萬人口直接捲入了戰爭之中。而這場戰爭的曠日持久，使雙方都損失慘重，甚至羅馬的損失還要更嚴重。戰爭中，羅馬損失了700艘戰艦，而迦太基一方則損失了500艘左右，羅馬在戰爭中損失了50萬以上的人口，而迦太基一方雖然敗仗連連，但因為使用的大多是僱傭兵，因此本土人口損失較少。那為什麼貧窮的羅馬能咬著牙堅持到最後，而比羅馬富裕得多的迦太基最終卻落得個賠款、割地、求和的結局？為什麼此前從無海權力量的羅馬，能白手起家、從無到有，最終在海戰中戰勝了海上霸主迦太基？

本文敘述至此，就是要給讀者勾勒出這兩個問題的答案。

生於憂患的立國背景，使羅馬在崛起過程中要不斷修改、完善自身的制度，以與不斷變化的敵情相適應，這就強化了羅馬國家層面的學習能力和應變能力。事實上，羅馬並不是靠的海權掌控來贏得戰爭，而是靠著海權之外、從共和國草建時起就推動羅馬一路走來的那只看不到的推手。

財大氣粗的迦太基是用金錢來打仗，而羅馬是用制度來維持戰爭，迦太基的將領靈感來自於對本國喜怒無常政局的恐懼之感，而羅馬將官則來自於榮耀與信心。同是奴隸制共和國的體制，但羅馬執政官能不受約束和控制地行使前線指揮官的職責，哪怕指揮失誤、戰敗被俘也不用擔心被政府秋後算帳，後方的元老院和羅馬政府只負責軍需的調度、士兵的徵募、戰爭策略的研討，至於臨敵決斷，甚至是和談，完全由前線執政官一手來操辦。

而戰爭中，迦太基統治者的身影卻幾乎無處不在，和他們相比，前線指揮官更多的時候則像一個時時刻刻受到老闆監控的高級打工仔，臨敵之時每多首鼠兩端之舉，或坐失良機，或倉促應戰，一點一滴的浪費中，迦太基空前的國力就這樣被消耗殆盡。

兩相對比，雙方的任何一場戰役，迦太基都是以一個指揮官臨場的靈感與自身的素質，來對決羅馬用幾百年時間積累起的經驗與制度。前者縱然不乏果決勇毅之輩，甚至還撿到了幾場勝仗，但後者擁有的巨大後勁無疑是起決定作用的。

羅馬在此之前的發展歷程，都是單一的陸地戰爭，在國境線的一個點或一條線上利用步兵去對一個小國或部族展開徵伐，作戰半徑通常不超過200公里。而從部族衝突，到邊境戰爭，再到有海陸軍共同參與的大規模戰爭，羅馬的戰爭形態漸趨高端化，戰爭水準幾百年間也隨之不斷提升。直到這次戰爭，又鍛鍊了羅馬大兵團作戰、遠距離奔襲、多兵種協調、全方位動員的高級戰爭藝術。戰爭以羅馬東南部沿海為中心，波及大半個亞平寧半島和整個西西里島，甚至一度延伸到北非，要在陸地和海洋兩個戰場上同時作戰，這就使得羅馬不得不下大力氣適應這種需要。

而自始至終，迦太基在戰略與戰術上就從沒有統一過，習慣於局部戰爭的決策者，不僅缺乏把這場戰爭當成一個整體來看待的眼光與智慧，而且更缺乏對本國內部力量進行系統整合的能力。他們本可以利用自身對海洋的熟悉，把薩丁尼亞島和科西嘉島作為跳板，直接把戰火燒到羅馬本土，甚至與半島上剛剛被羅馬征服的這些部族和國家結成新的聯盟，但他們沒有；他們本可以透過改善與本國百姓及非洲各國的關係來提升自身的綜合力量，進而把這場戰爭演變成民族性戰爭或區域性戰爭，但他們沒有。「官視民為草芥」的結果就是「民視官為寇仇」，迦太基統治階層長期以來漠視民意、忽視民生的邪惡統治，終於在戰爭中結下了苦澀的果實：當年羅馬軍隊在非洲一登陸，短短幾天時間，就有二百多個城市不戰而降，迦太基國內甚至還發生了大規模的非洲僱傭兵起義事件——3000多名僱傭兵要帶著裝備投靠羅馬人。

## 中外歷史上朝代更替的秘辛
罗马与迦太基：双雄沉浮记

雖然羅馬人沒有抓住這個機遇，但它所引發的一系列效應卻打破了迦太基國內長達幾百年的虛假和諧。

而同樣是曠日持久的戰爭，第一次布匿戰爭卻使羅馬得以整合、完善了自身的力量。在此之前，羅馬是一個以羅馬城為中心、眾多不同親疏關係的同盟者共同組成的聯合政權，羅馬與各同盟成員之間、同盟內部不同成員之間矛盾重重。這場針對迦太基人的戰爭則使羅馬得以有效整合內部力量。

在戰爭中，人們可以看到這樣的景象：薩莫奈等新附部族的貴族子弟，短短十餘年後竟然可以作為羅馬執政官，在前線指揮部隊與敵浴血奮戰；高盧、伊特魯里亞等這些羅馬幾百年的死對頭，如今居然成了令迦太基人最頭疼的騎兵和水手；甚至幾年前還和皮洛士一起修理羅馬的他林敦，戰爭中竟然成了羅馬最大、最重要的造船基地。

「多難興邦」確實是可以的，儘管戰爭讓雙方都付出了慘重的代價，但羅馬完善的體制、健全的國策、統治階層身先士卒的良好風範，使得戰爭本身對羅馬來說成為國力突飛猛進、國家理念深入人心的涅槃之旅。在迦太基，同樣的一場戰爭，打開的卻是潘朵拉的災難之盒。

由於迦太基政府一貫用著人時臉朝前、用不著人時臉朝後的「老賴」作風、犧牲百姓利益來中飽私囊的貪婪本性，和平甫臨，新的災難又接踵而來。

戰爭結束了。此時，迦太基國內哀鴻一片，戰爭的結束並沒有讓迦太基老百姓過上幸福安定的生活。為了支付戰爭賠款，迦太基政府極度不要臉地把農民的地租提高到 50%，市民的商業稅也翻了一番，交不出稅金的人一律被投入暗無天日、生不如死的監獄中，飽受拷掠。

同樣是徵稅，為了造艦，羅馬寧可讓元老和有錢的富人購買國債，也不肯給百姓加稅、給同盟城市攤派軍費，而迦太基那些富可敵國的統治者，卻直接把戰敗的責任原封不動，甚至還變本加厲地攤派到了老百姓頭上。

此時，大批復員的僱傭兵開始雲集到迦太基，準備結算工資後返鄉。可就在這極微妙的時候，迦太基統治者的「雞賊」作風再度不長眼地抬頭了——他們藉口經費緊張，不想承認哈米爾卡等指揮官戰時與士兵達成的酬勞協議。

怒不可遏的僱傭兵討薪無果後，集結起兩萬多人，開始攻擊迦太基本土。迦太基老百姓本來和這些僱傭軍是死對頭——任誰能對在路上橫衝直撞、保衛的對象又和自己沒半點關係的武裝集團、暴力集團有好感呢？但在反對迦太基政府這件事上，雙方一掃幾百年來的隔閡，毅然決然地站在了一起。

迦太基的年輕後生們跟著僱傭兵裡的大鬍子兵練起了刀劍，農民翻出了珍藏許久的存糧來犒勞這些語言不通的外國人，婦女們甚至把自己沒被徵稅員搶走的首飾捐獻出來充當軍餉，一直對迦太基的統治心懷不滿的城市，甚至站在了起義軍一方。外國雇工討薪未果而打政府軍，甚至圍攻首都時，迦太基本國的老百姓居然自備乾糧來幫著外國軍人，給人家遞磚頭、看俘虜、帶路。您說，這政府得混蛋到什麼份上才招人恨成這樣？

面對這些百戰餘生的老兵，迦太基本土那些整日只知站站崗、踢踢正步的機關少爺兵哪是他們的對手？連著吃了幾次敗仗，眼看著僱傭兵們就要把迦太基城給強拆了，這時，迦太基的老爺們頭腦終於正常了一回，讓戰爭天才哈米爾卡接管了指揮權，戰局才扳了回來。

這場「我們所知道的一切戰爭中最殘酷和充滿了最無法無天行為的戰爭」，整整持續了三年半之久，迦太基沒有一處國土沒有受到戰火的肆虐，戰爭打破了國別和種族的界線，一方是迦太基人和僱傭兵組成的起義軍，另一方則是僱傭兵和迦太基人組成的政府軍，雙方都用盡殘忍的手段來報復對手，僅一次行動，哈米爾卡的部下就屠殺了四萬人之多。

在戰後資敵地區的處置上，迦太基也面臨著和當年鎮壓了拉丁同盟暴亂之後的羅馬一樣的難題：怎麼懲罰這些昔日的同盟部族或城市？如何殺一儆百讓其他地區不敢再效尤？

羅馬根據的是各部族反抗羅馬的激烈程度來定標準，殺人、放火、搶東西的是一個標準，僅是口頭哼哼兩句、湊熱鬧的又是一標準，無論大小部族一視同仁；而迦太基呢？它是根據各城市本身的情況來定標準，有錢有物、人口眾多的大城市，哪怕是殺了迦太基總督和駐軍的挑頭者，也就溫溫說兩句、輕輕打兩下，而邊遠小城，哪怕就是湊了個熱鬧、沾了個邊，那也被罰

## 中外歷史上朝代更替的秘辛
### 羅馬與迦太基：雙雄沉浮記

個傾家蕩產，甚至整城人淪為奴隸。對迦太基來說，這場戰後之戰帶來的影響遠不僅此。

與羅馬一海之隔的薩丁尼亞島和科西嘉島，由於也捲入了僱傭兵起義的風潮之中，被羅馬武裝占領了。當地的僱傭兵集團殺了迦太基總督後宣布本島獨立，又怕迦太基秋後算帳，就派人渡過海來找羅馬幫忙，羅馬呢，也毫不客氣。當年，為了一個西西里，羅馬不惜與迦太基兵戈相見，打了23年仗，犧牲了幾十萬人。而如今，兩個面積累計有一個半西西里大的島嶼，羅馬居然兵不血刃就收入了囊中，天底下還有比這更美的事嗎？

西西里、薩丁尼亞島、科西嘉島，這三個亞平寧半島旁邊的大島，所帶來的價值遠不止今天人們所喜聞樂見的旅遊勝地這麼簡單。在船隻只能傍岸而行的槳帆船時代，有了地中海中部的這三個大島，加上亞平寧半島本身綿延的海岸線，使得羅馬成為地中海世界首屈一指的港口服務商，無論是希臘人、埃及人、迦太基人，還是高盧人，出海經商必須要經過羅馬人控制的這三個島，羅馬人不需揚帆遠行就可以坐地分金。

但古今中外一切歷史證明，國家間爭端中飛來的橫財，總會預示著新的戰爭。

19世紀的英國人挾拿破崙戰爭的餘威，將福克蘭群島納入版圖的時候，做夢也不會想到，這個鳥不拉屎的荒涼之地，日後會因地下富藏石油而使大英帝國陷入一場突如其來的戰爭之中，險些丟掉幾百年浴血奮戰換取的榮耀。

一戰之後《凡爾賽和約》簽訂時，其苛刻的條款曾讓無數人認為德國將跌入萬劫不復的深淵，法軍統帥霞飛聽說了條約內容後卻仰天長嘆說：這不是和約，這只是一場二十年的休戰。孰料，一語成讖。

20年的休戰，對迦太基也是一樣。

漫長的戰爭、戰後的劫難、羅馬的趁火打劫，等等，讓戰後的迦太基陷入了萬劫不復的苦況中。

迦太基特有的國情此時發生了本質性的變化，在布匿戰爭中，商貿派和地主派兩派一邊和羅馬死掐，一邊又相互想把對方掐死，屢屢上演元老院群

殿的鬧劇。以往，依託於這些海島所開展的貿易，使迦太基國內財大氣粗的商貿派有充分的話語權來左右國家政策。而海島的喪失，則讓商貿派除了幾個小小的殖民地外，再無任何可資利用的勢力，反倒是與商貿派對立的地主派坐上了頭把交椅——島嶼沒有了，海洋沒有了，我們還有非洲的廣袤田地，靠著這些也能把小日子過得有滋有味。

作為商貿派的代表人物，深謀遠慮的哈米爾卡，果斷地放棄了迦太基的傳統優勢項目——海軍，避開了與羅馬爭奪海權的衝突，轉而從陸地下手，利用位於西班牙沿海的幾個迦太基殖民地，開始了漫長的西班牙攻掠。據說，戰後哈米爾卡啟程去西班牙之前，曾專門帶著九歲的長子漢尼拔去向迦太基的諸神獻祭，同時讓孩子發下毒誓：終生與羅馬人為敵。

經過他和女婿哈斯德魯巴、兒子漢尼拔幾代領導人20餘年的努力，他們占領了今天西班牙東南部的大片土地。這片領土不僅出產優秀的戰馬、騎兵，還富含各種金屬礦產，最重要的一點，這裡沒有讓人頭疼的黨爭，不用看人臉色，哈米爾卡家族就是這裡唯一的爺。而從這裡向東延伸，翻越過阿爾卑斯山脈，就是羅馬人剛剛從高盧人手中搶走的義大利山南高盧地區，而再往南一點點呢，就是羅馬共和國的首都羅馬城。

羅馬人呢？他們怎能放任昔日的宿敵迦太基在自己的左鄰右舍衝州撞府？

羅馬人現在很忙。

除了對北部幾百年都不知道改善一下自己武器裝備的高盧人動動手，順便剿滅一下亞得里亞海的海盜外，羅馬人這二十年對外幾乎無事可做。

因為有了西西里這些島嶼，羅馬人和更正宗、更美妙的希臘文明攀上了親戚，於是開始忙著拚命學習希臘文化。希臘的語言、戲劇、雕塑、生活方式，成了羅馬人競相效仿的對象。官員貴族們忙著把自己的子弟送到西西里去留學，否則就不算成功人士；日常生活中，你要不會說兩句希臘話，都不好意思和別人打招呼；還有，「最近，希臘奴隸寫的那齣悲劇你看過了嗎？被翻

譯成拉丁文的《荷馬史詩》讀了嗎？沒看過的話你對那個時代來說就太落伍了」。

透過學習敘拉古人的稅收制度，加上新增加的這些海上商路和良港，羅馬取代了迦太基的傳統貿易大國地位，擺脫了農牧民族的窮酸狀態，變得富裕了起來，各地的貢物和貨品把羅馬裝點得琳瑯滿目，也衝擊著羅馬人簡樸的生活傳統。

羅馬的舊有住宅，連煙囪都沒有，會客、辦公、生活全在一個被煙燻得黝黑一團的庭院中。後來，希臘的建築樣式傳進了羅馬，它有綿延的柱廊，還有大理石的噴泉與浴池，更有奇花異草的裝點與陪襯，讓羅馬有錢人的生活漸漸有滋有味起來，對財富的渴望也無形中成了共識。海權，對那些有資格去外省擔任官吏的羅馬人來說，從沒有這麼美妙過。

與此同時，自薩莫奈戰爭之後開始傳入羅馬的劍鬥等娛樂項目也開始在全國範圍內得到了普及和推廣。暢享和平的羅馬人第一次發現，原來生活可以這樣美好。海權的掌控不僅意味著財富的增加、見聞的增廣，同時也意味著人們的生活方式，甚至思維方式的改變。

至於外在威脅，不用馬漢去教，羅馬自己也認為，掌控了西西里、撒丁、科西嘉這些島嶼，就等於直接掌控了西地中海的制海權，這讓他們特別地放心從容起來：昔日的迦太基掌握著制海權，尚且被我們空手套白狼打了個傾家蕩產，現在連牙帶爪全讓我們拔了，你們還有什麼搞頭的？

不僅如此，羅馬還大度地和迦太基方面達成了協議，厄波羅河以南的西班牙隨便他們折騰，反正殺的都是羅馬和迦太基看不順眼的野蠻人。

就這樣，哈米爾卡在西班牙通行無阻，他女婿「美男子」哈斯德魯巴接班後繼續攻城略地，到他兒子漢尼拔登上首領的寶座時，迦太基——或者說哈米爾卡家族在西班牙已是兵強馬壯。

後來的故事，筆者就不再多說了。漢尼拔在西班牙的擴張終於觸動了羅馬的神經，雙方一言不合，23 年後，戰爭再度爆發。這一次，漢尼拔率領著

幾萬人的大軍翻越了時人認為不可能翻越的阿爾卑斯山，出現在義大利北部平原，幾度打得羅馬軍隊全軍覆沒，甚至兵臨羅馬城下。

但漢尼拔顯然也意識到，用這麼點兵力去滅亡羅馬無疑是痴人說夢。他的設想是，透過對羅馬軍事力量的毀滅性打擊，激發起羅馬統治區各同盟成員的反抗意識，進而從根本上推翻羅馬的統治。

但羅馬不是一天建成的，羅馬在同盟各國之間的威望更非幾次勝利就能泯滅得了的。

一連三戰，每戰必殆，全羅馬有十多萬最優秀的士兵葬身沙場，眾多同盟或出於自願或被脅迫著，紛紛改換門庭，投到迦太基一方，風雨飄搖下，羅馬再次面臨滅頂之災。危機面前，羅馬人終於煥發出了以往的鬥志。

作為羅馬的後院，拉丁地區對當年因背叛羅馬而遭受到的嚴厲制裁至今仍記憶猶新，因此在眾多薩莫奈、希臘城市紛紛倒戈的情況下，拉丁地區仍頑固地效忠於自己昔日的仇敵羅馬，這就使得羅馬免除了後顧之憂，反過頭來一面牽制漢尼拔的軍事行動，一面重兵圍剿倒向漢尼拔的前羅馬盟友，首當其衝的就是漢尼拔在義大利最重要的基地卡普阿。但對於這個昔日的同盟城市，如果僅是簡單地攻擊或占領，並不能滿足羅馬的需求，在眾多叛親離的背景下，羅馬需要的是一場震懾之戰。

在羅馬的發展史上，震懾效應是一種非常有效的心理戰術，它透過以點代面的傳遞效應，能用最小的代價，最大限度地張大羅馬的利益。而隨著時間的推進，羅馬甚至把這種國家層面的政治宣講活動發展到了變態的程度。

後來，羅馬針對地中海海盜猖獗的情況，創造性地展開了劃區圍剿的方案，把地中海按網格狀分割成一個個區域，然後指定若干指揮官分區圍剿，這需要極大的兵力，更需要極強的貫徹力，但同時卻隱藏著羅馬人狡猾的計謀——只要有幾起成功的案例傳播開來，就會在其餘海盜中產生巨大的影響。結果，不到兩年，海盜夷平，地中海暢行無阻。

在平息中東地區猶太人起義的軍事行動中，羅馬的震懾效應也發揮了極大的作用。當起義倖存者逃到山區一座搭建在懸崖上的堅固堡壘中據險死守，

## 中外歷史上朝代更替的秘辛
羅馬與迦太基：雙雄沉浮記

據說堡壘中存有百多年前興建者所羅門王儲備的大量糧食和軍械，羅馬人如果強攻會付出重大的傷亡代價。這事如果放在普通國家，他們會圍而不攻地守上幾年十幾年，直到存糧耗光，起義者全部餓死或投降；放在頭腦簡單的國家，上級肯定下嚴令不惜代價、限期攻克，哪怕為此傷亡上百倍的人也在所不惜；而在文藝國家呢，他們會在山下大開營火晚會，還不忘拋撒傳單，同時配以外交部新聞發言人聲色俱厲的譴責，試圖用心理戰來摧毀抵抗者堅強的心理防線，當然，除非被圍者也是文藝青年，否則這種方式能否見效很難講。

但羅馬又一次採用了與眾不同的方式：他們用一個軍團的兵力以螞蟻啃骨頭的精神，在絕頂要塞的斜坡上建起了一個巨大的土山，高度甚至超過了要塞，逼得倖存者不得不在自殺與他殺間二選一，同時也向海內外傳達了羅馬的意志：明犯天威者，雖遠必誅，雖強必誅，雖狡必誅。

被羅馬重兵圍困的卡普阿就是羅馬施展震懾外交的成功案例之一。在羅馬重兵彈壓下，該城終於被收復。為了震懾背信棄義的同盟城市，羅馬對卡普阿展開了血腥報復，處死了當時決定投靠漢尼拔的全部元老，同時將大批市民賣做奴隸。

在卡普阿的血腥殺戮，很快就收到了應有效果，一些原本與漢尼拔暗通款曲，甚至開門迎敵的羅馬同盟者不得不在這場你死我活的較量中重新選擇站隊。

在凌厲的外交和軍事雙重攻擊下，羅馬很快就穩定了內部，並透過解放參戰奴隸等手段，擴充了軍隊，重新占據了戰爭的主動權。

漢尼拔的外交攻勢逐漸式微，而直到他糧盡援絕，漢尼拔除了自己家族經營下的西班牙，從母國迦太基卻得不到任何援助與支持，迦太基的元老甚至奚落他的信使說：「漢尼拔不是打了很多勝仗嗎？怎麼打了勝仗卻看不到財富和奴隸，卻反過來讓我們去給他錢？」因為政見不和而見死不救，甚至還對近在咫尺的國家危險視而不見，這樣的國家居然能死挺這麼久，也算是古今奇蹟了。與此同時，羅馬卻透過全國動員彌補了戰爭造成的巨大損失，並在萬分緊急的狀態下採取了「圍魏救趙」的策略，直接派兵渡海攻擊迦太

基本土，漢尼拔只好放棄了在義大利好不容易展開的局面，拋棄了僅存的珍貴盟友，在海邊殺死了全部的戰馬，黯然返國。

在非洲迦太基本土進行的札馬戰役中，心志大亂的漢尼拔軍被羅馬軍隊擊敗。漢尼拔終生只敗了這一次，而這一次，足以毀掉他一世的威名和他那個不成器的祖國。第二次布匿戰爭再一次以迦太基的失敗而告終，羅馬剝奪了迦太基的海軍和殖民地，甚至還剝奪了迦太基未經羅馬許可與外敵開戰的權利，但迦太基仍作為一個主權國家保留了下來。據說，這是羅馬政治文明的又一創舉——永遠在身邊保留一個強大的敵人，以此讓羅馬能時刻提高警惕，不因和平安逸而懈怠下去。

事實上，羅馬所選擇的這個敵人確實內力非凡。又過了55年，羅馬終於決定向再度崛起的迦太基下手時，被收繳了所有武器的迦太基居然在赤手空拳的狀態下仍然頑強抗戰了4年之久，最終才被夷為平地。這就是羅馬與迦太基之間的第三次布匿戰爭。

隨著迦太基的徹底滅亡，漢尼拔成了傳奇，地中海則成為羅馬的內湖，而滅亡了迦太基後的羅馬並沒有因此成為不朽，迦太基的腐敗基因透過另一種寄生的方式在羅馬的肌體存活了下來，並最終也摧毀了羅馬的生命。

眾多史料都是從漢尼拔越過阿爾卑斯山、第二次布匿戰爭爆發來開始暢談羅馬的崛起，從日耳曼人的南侵來談羅馬的衰落與滅亡，卻鮮有人知道，羅馬人，和他的宿敵迦太基人一樣，都是在面對強大敵人的困境時才得以崛起，而在四海昇平的歡歌中走向衰亡。生於憂患，死於安樂，生於貧賤，而死於忘憂。

在布匿戰爭時期，如果一個羅馬執政官家中被人發現存有兩千克的銀器，他就會因生活太過奢侈腐化而被彈劾丟官，在這樣的國家裡，你作為一個公民，不去為它的生死安危拚搏顯然是不可能的；而100年後到了共和國晚期，個人財富則成了能力的代名詞，政要們必須要在公眾和同僚中充分展示自己的財富才能獲得大家的擁戴，而財富的取得，則要透過羅馬的海權來保證——在遍布地中海四周的殖民地裡，羅馬的官員中飽私囊的行為甚至獲得了元老

們的默許和支持。在這樣的國家裡，如果還用一點菲薄的薪水就讓你上前線去為權貴和他們的子女們賣命，你還願意嗎？

當士兵們不再認為羅馬寶貴的傳統和無上的尊嚴是自己上陣殺敵的精神支柱時，當富可敵國的將領們把軍隊視為自己的私產時，羅馬賴以發展和生存下去的先進因素就會隨之而蛻變。

當羅馬昔日賴以克敵制勝的公民士兵因為富裕起來而不願當兵，或者因為土地兼併而不得不淪為奴隸之時，羅馬只能步迦太基的後塵，僱用蠻族武裝來保衛家園，同時也喪失了自身不斷完善、學習、修正的發展之道。這時，迦太基一樣的悲劇和災難就不可避免地發生了。

正如本章開頭所引用的：「當羅馬由於勞苦和主持公道而變得強大起來的時候，當那些強大的國王在戰爭中被制服的時候，當野蠻的部落和強大的民族被武力征服的時候，當羅馬統治的對手迦太基已被徹底摧毀，而羅馬在所有的海洋和陸地都通行無阻的時候，命運卻開始變得殘酷起來，把我們所有的事務攪得天翻地覆。那些能夠泰然自若地忍受勞苦和危險、焦慮和災難的人們卻發現，閒暇與財富對他們來說成了一種負擔和一種不幸。」

# 撰稿人簡介

諶旭彬，男，湘西才子，歷史研究者。現任職於騰訊網文史頻道，為頻道主編。出版作品有《權力臉譜：中國歷史名人的假面舞會》《中國：1864～1911》等。

蘇布谷，江蘇人，專欄作者，書評人，貓奴，居住於北京朝陽區，生活主義者。愛讀書，不求甚解只為八卦。

填下烏賊，本名湯大友，民主黨派人士，浙江台州人，現任某科技期刊記者，曾出版《亂彈水滸》。

十二叔，財經專家，文史作家，出版的作品有《圈子‧段子之港澳富豪那些事兒》《圈子‧段子之好漢們崛起的祕密》《圈子‧段子之民國陳光甫：一個領先時代的銀行家》《圈子‧段子之晚清席正甫：締造金融家族的教父》等多部作品，自上市以來，深受廣大讀者歡迎，迴響強烈。

石煒，知名媒體人，軍事史作家，現服務於中央媒體單位，曾擔任《罪惡海盜城》《死亡贖金》等中國央視熱播紀錄片撰稿工作，著有歷史暢銷書《海權文明揭祕》《大西洋大海戰》。

## 國家圖書館出版品預行編目（CIP）資料

中外歷史上朝代更替的秘辛 / 汪青 著 . -- 第一版 . -- 臺北市
：崧燁文化，2019.01

面；　公分 .

ISBN 978-957-681-740-3( 平裝 )

1.世界史 2.通俗史話

711　　　　　　　　　　　　　　　107023054

書　　名：中外歷史上朝代更替的秘辛
作　　者：汪青 著
發 行 人：黃振庭
出 版 者：崧博出版事業有限公司
發 行 者：崧燁文化事業有限公司
E - m a i l：sonbookservice@gmail.com
粉 絲 頁：　　　　　　網　址：
地　　址：台北市中正區重慶南路一段六十一號八樓 815 室
8F.-815, No.61, Sec. 1, Chongqing S. Rd., Zhongzheng Dist., Taipei City 100, Taiwan (R.O.C.)
電　　話：(02)2370-3310　傳　真：(02) 2370-3210
總 經 銷：紅螞蟻圖書有限公司
地　　址：台北市內湖區舊宗路二段 121 巷 19 號
電　　話：02-2795-3656　傳真：02-2795-4100　　網址：
印　　刷：京峯彩色印刷有限公司（京峰數位）

　本書版權為西南財經大學出版社所有授權崧博出版事業股份有限公司獨家發行電子書及繁體書繁體字版。若有其他相關權利及授權需求請與本公司聯繫。

定　　價：280 元

發行日期：2019 年 04 月第一版

◎ 本書以 POD 印製發行